不再試著修補生命

覺醒、面對，全然接納每一個不完美的自己

The Deepest Acceptance

Radical Awakening in Ordinary Life

Jeff Foster

傑夫·福斯特——著

程敏淑——譯

「當你感覺孤獨或身處黑暗中時，
我希望我可以讓你看見，
你的真我所散發出來的炫目光芒。」

——哈菲茲《我的光輝形象》

contents

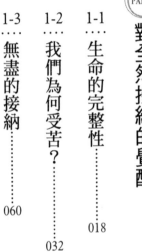

致謝

獻上愛與最深的感謝給：

愛咪・羅斯特（Amy Rost）

泰咪・西門（Tami Simon）

麥特・利卡塔（Matt Licata）

Non-Duality Press的朱利安、凱特琳・諾依斯
（Julian and Cathrine Noyce of Non-Duality Press）（UK）

門諾・范德邁爾和雅寧・戴柯蕾克
（Menno van der Meer and Jeannine de Klerk）

雪莉・戴維斯、愛咪・奧尼爾
（Sherie Davis and Amy O’ Neil）

琳達、席德・佛斯特（Lynda and Sid Foster）
馬理齊奧和札雅・班納左
（Maurizio and Zaya Benazzo）
麥克・拉肯、尼克・海曼和史考特・克羅拜
（Mike Larcombe,Nic Higham,and Scott Kiloby）
阿琳・依斯蘭特（Arlene Eastland）
和其他所有我在這段不可思議的旅程中所遇到的美好人們。

作者序

傑夫・佛斯特

對我而言，我們所有的問題、苦難和衝突，不論是個人或普世的，都源於一個基本問題：我們對自己真我的無知。我們已經忘了我們和我們的生命是無法分割的，因此我們開始害怕生活，並且出於這份恐懼，我們以各種形式和它作戰。就在此時此刻，我們正在和我們的想法、感覺、情緒、身體作戰。當我們努力保護自己免於痛苦、恐懼、悲傷、不適、失敗，以及避開被制約後以為是不好的、負面的、黑暗的或危險的生活之後，我們已經不算是真正的活著了。

我們穿上用來保護自我不受完整生活經驗影響的盔甲，稱為「分離我」。但那盔甲並不能真的保護我們——它只讓我們麻木的舒服。

靈性的覺醒——了解你並非自己以為的那樣——是對這個人性基本問題的解答。近來市面上有很多關於這主題的書，而且比起以往似乎有更多人發現了過去只有少數人才能知道的古代教導。但這裡有一個陷阱，靈性很容易就成為我們的另一層盔甲。與其說它讓我們對生命開放，不如說它更容易讓我們對生命關起門。靈性的概念和陳腔濫調，如「沒有自我」、「這不是我的身體」或「二元性只是一種妄想」等，很容易成為我們攀附的新信念、逃避生命和推開世界的新方法，但那只會讓我們和所愛的人更痛苦。

我在本書所談的靈性覺醒並不是要你更保護自己，而是要你了解真正的你並不需要保護，真正的你是開放、自由、可愛的，並且接受生命會全然進入你的生活這個事實。生命並不能傷害你，因為你就是生命本身。因此此刻並不是你需要害怕的敵人，而是需要被擁抱的朋友。是的，真正的靈性並不是增強你抗拒生命的盔甲；反之，真正的靈性，會摧毀這抗拒生命的盔甲。

靈性的覺醒其實非常簡單。永遠認知到真正的你，覺知先於形體。但要真正把那樣的認知呈現在日常生活中，不忘記、不失去並且讓它進入你的腦子裡——這才是生命要真正展開冒險的起點，而這似乎也是很多人會掙扎的地方——就連靈性導師或追求者也是。

當生活還很輕鬆，每件事都很順利時，知道你到底是誰是一回事。但當事物開始崩毀，生活變得一團糟，你的夢想化為塵土時，要記住這點則是另一回事。當我們處於身體和情緒的痛苦、成癮症、人際關係的衝突，以及世俗和精神上的挫敗中時，常常感受不到覺醒，並且感覺與生命、與他人，以及與我們的真我更加遙遠。我們對能夠得到開悟的快樂夢想可能很快就煙消雲散，而要能接納則似乎更加遙遠了。

我們可以視人類生活中每日的麻煩與美麗為一種必須被避免、超越，或甚至是根除的東西；或者，我們也可以看進它的本質：一份神祕而持續不斷的邀請，希望你此刻醒來，即便我們認為自己昨天早就醒了。生命，在它無限的可能性下，不會讓我們滿足於現有的成就。

如果我早期的書都是靈性覺醒的描述，那麼這本書則提出更為重要的問題：如何在日常中活出那樣的覺醒？我們如何接受此刻，即使我們似乎完全無法接受？甚至「我們如何接受此刻」是對的提問嗎？我們是否在最初就已經和此刻分離了？

我教你們一件事，而且就只這麼一件事：對迎面而來的任何事深刻且無所畏懼的接納。這不是被動的屈服或是冷漠的抽離，而是明智且充滿創造力的出現在難以理解的當下之中。在傾聽眾多靈修的人們及和他們對話的多年後，我才孕育出這本書，聽他們的擔憂，回答他們充滿挑戰性的問題，在他們的痛苦、悲傷、日常掙扎及恐懼中與他們相遇，並且溫柔的指引他們。我並非指引他們隨即能有領悟，而是指引他們對此刻的經驗深層且無條件的接納，對自己存在的本身全然的接納。

親愛的探險家，歡迎來到日常生活——靈性覺醒待開發的最後一站。祝你勇敢踏上過去從未踏足之處！

從你自己而來的愛。

推薦序　全然接納為有源頭活水來

國立台灣師範大學教育心理與輔導學系教授　陳秀蓉

一位正值黃金年華的年輕人受憂鬱症之苦，傑夫・佛斯特從二〇〇六年開始出版系列書籍，希望與讀者分享如何走出憂鬱的緊箍咒，在日常中活出不一樣的覺醒，擁有新的視框，體驗世界走出新生命。本書於二〇一二年出版，已有多國翻譯版，很高興木馬文化出版社也翻譯了此書。他的下一本書延續此書，也已出版。

本書分兩大部分：一是對全然接納的覺醒，二是實踐全然的接納。書名看似哲學，但其實非常實用。作者將全然接納放入現代人的生活慣性中，希望帶來覺醒與行動，讓大家可以有嶄新的生活與意義。細細閱讀體會後，我非常樂意推薦本書，允許我建議讀者移步領會，配合自己三階步調做生活體驗，第一步，停歇腳步找到接納的意涵；第二步，傾聽接納後的自己；第三步，啟航體驗自己的靈性自我。

試著停歇一下想想現代人的通病，作者提到他的憂鬱和怎麼看待世界有絕對關係，有一天他覺醒到自己對自我感覺是分裂的，因為從小被教導必須掌握自己的生活，必須知道我想要什麼，且有能力去得到它，然後當自己感到別人似乎都知道他們自己是誰，想做什麼，要往哪裡去，但自己無法實現這些時，就唾棄自己並陷入憂鬱之中。可喜的是當作者開始放下對過去和未來故事的過度編織，接納無助感的存在，不再嘗試修補生命，在當下經驗到好好的休息，發現接納當下才是真正的療癒。讓心回到存在當下的全然接納，將可感受內在的衝突根源，接受衝突發生的地方也將是它結束的地方。

作者邀請我們在接納後傾聽自己。中世紀英文中 accept 接受的字根為 kap，意指把握獲得或抓住，因此接受是動詞，沒有被動或順從的含意，是主動全身投入和接受當下。全然接納的當下，靜心觀照現在，你會發現沒有一個獨立的自我在你開闊的本質中，有的只是生命的躍動、各種感覺浪潮的變化。這時很奇妙的變化出現，我們似乎隱微知道我有機會選擇不一樣的生命，緊接著的是清明的確信，使我們能敞開心胸接納此刻的一切，於是，內心不再交戰。這種接納不是在說一個更高的自我或特別面貌的自我，而是在指一種非常簡單而尋常的感覺，在當下做自己。駐足為自己喝一杯清香花茶，幸福咫尺可得。

最後作者扮演一隻領航鯨，邀請讀者游回自己的生命中，看見自己在世俗大海中的狀態，對自己有太多的執迷，是啟航尋找靈性自己的時候了，新的靈修方法不難：和不安及它最好的朋友，也就是逃避那不安的衝動共處，只要靜靜共處，不要企圖做任何事，不要期待它們改變，不要試著修正你自己，不要希冀特定的結果。注意到每個想法、感覺，包括任何期待、挫折、不接納或改變此刻的企圖，都被容許出現在此刻。相對的，如果你無法接納別人錯誤的對待而恨他，將恨留了十多年，並不斷地加工這個恨，最後可能恨所有的一切，這種對立的二元性，若能在當下體驗全然接納所有好與不好的感受，應該有機會傾聽內心真誠的聲音，看見其實許多人都在關心與愛他。那個無比巨大的恨，只是生命中一小個點，無須對立，若給自己機會，其實活水自在。

看了本書，悟了自己那個原本的心——當下、瞬間那種心靈的狀態，全然的接納，我相信不為何，只為有源頭活水，靈性覺醒美妙的矛盾之處，就在此時此地，面對當下，生命已全然完整、俱足圓滿。看本書是種學習與成長，祝福大家。

第1章

對全然接納的覺醒

1-1

生命的完整性

「真正的發現之旅不在於尋找新的山水，而是要有新的眼光。」

——馬塞爾．普魯斯特

你年邁父親手上的皺紋、新生兒的哭聲、藝廊裡的一件雕塑品、歌曲裡特定的音符組合、小草上的一滴露水、陌生人臉上短暫顯露的表情，出乎意料的瞬間融化了你的心。完整忽然刺穿了分隔。

生命饒富奧祕。

我最近和一位剛生了小孩的朋友聊天。她是一位科學家，一個「理性的思考者」，也是個無神論者，且對靈性、宗教或其他任何不能被她所謂的「同儕評審的研究」所證實的事情毫無興趣。她相信生命就是努力工作、提供家庭所需、為了老年生活儲蓄，在死前最終才是退休和享受「好生活」。

然而，當她談到生女兒的經驗時，她的話並不像是無神論者的語言，反倒像是宗教的語言、具有靈性的語言，像懷著令人敬畏、驚奇、不可思議天地造物的奇蹟所孕育而生的語言，她談著生命的神奇——關於生死的奧祕，永恆的宇宙之謎。她告訴我當她第一次抱著她剛出生的女兒時，所有自我為中心的想法都消失了，過去和未來的界線也融化了，忽然間只有生命本身，在當下，充滿活力卻又神祕難解。只剩下這個珍貴的時刻，此時此地，再無其他。

她告訴我當她第一次看到女兒的小手時，自己是如何的感激涕零——多麼嬌弱、纖細的手啊。她告訴我，她是多麼驚訝自己竟能創造出如此神祕且活生生的生命；而這生命是從無到有的；從無到有的生命又能自己創造出另一個生命；大爆炸時存在的生命，竟也以某種方式存在，以這小小、粉紅色的生物體形式出現。她忽然著迷於一種無條件的愛——不僅對她的女兒，還對世界上所有的寶寶和媽咪，對世間萬物。這是一種她無以名狀的愛。此刻這種極度令人不可思議的經驗，使得所有同儕評審的研究就此崩毀。

那位同時為科學家、理性思考者、懷疑論者的朋友，已暫時成為非二元的神祕主義者，她甚至並不自知。她一度碰觸到生命的完整性，那充滿世間無以形容的奧祕。她一度感受到存在的愛；她和生命的分隔消失了，揭露出無名的愛。

這些年來我曾遇過許多人，他們因為有些奇特無法說明，卻又常常出乎意料且不可思議的經驗或領悟，而開始對靈性產生興趣。那些經驗在後來，也往往難以用文字形容，更別提說給朋友或家人聽了。

藝術家說他們全神貫注於繪畫時會變得無我。音樂家說當他們全心投入於音樂中時，一切只剩下音樂，而自己，像一個分離的個體，消失在音樂中，就像被生命本身吸收了一般。他們不是在演奏音樂——他們就是音樂，演奏著自我。運動員談到順勢而為，或是進入一種或跑或跳都易如反掌、身體達到完美協調的無我狀態，即使他們不再感覺到那是自己的身體。演員們談到忘了自我本身，完全融入角色，讓演戲不再只是演戲。後來，當他們的演技受到肯定，且被問及是如何達到這樣的境界時，他們只能承認自己真的不知道。

或者，當你在公園裡散步時，突然間只感到吹拂過臉頰的微風，聽到樹葉摩擦的沙沙聲，孩子們的笑聲，以及狗吠聲。你消失了，融入萬物之中；或者說萬物消失了，你也成為空。文字真的不足以表達。

故事有時也不那麼戲劇化。專心洗盤子時，閃閃發亮的肥皂泡沫瞬間變成全宇宙最迷人的東西。確實，在那個時候，肥皂泡沫就是宇宙，你所有的問題、恐懼、焦慮，及對更好生活、名聲、榮耀、愛與頓悟的急切追尋都消失了。雖然你生活的情況一點都沒變，還是有帳單要繳，有孩子要養，有工作要做，有痛苦要感受，但你和生命的關係已全然被改變了。在那個瞬間，你不再是掙扎著尋找完整的個人，你回到完整當中，你回到孕育生命的子宮裡，那個你從未真正離開的地方。然而，平凡的生活仍在眼前未曾改變，你也輕而易舉繼續扮演好自己的角色。

科學難以解釋這些經驗（或非經驗，或隨便你想怎麼形容），因為它們把你帶到一個超越因與果、主體與客體、觀者與被觀者、絕對與相對、內在與外在，甚至時間與空間的世界。它們難以被邏輯、科學、哲學所證明或展示。但對那些經歷過的人來說，它們比什麼都真實。你可以說它們是覺醒，和生命本質的邂逅有如登上高峰那樣的狂喜。怎麼形容它們不重要，因為語言的出現總是來得比經驗晚。

存在充滿神祕與驚奇，有時出乎意料的，啟蒙之光能從我們分離自我的缺陷中照進。在一些短暫的時刻中，宇宙暗示著生命遠比它本身看起來的廣大。最平凡的小事也能變得非凡，讓我們不禁猜想，或許非凡一直都隱藏在平凡中，只等著我們去發現。

沒錯，或許生活中稀鬆平常的事物，如破舊的椅子、腳踏車輪胎、碎玻璃上反射的陽光、愛人的一抹微笑、小嬰兒的哭聲，其實一點都不平凡。或許隱藏在平凡表面底下的是超凡的事物。或許我們誤以為無奇的東西，實際上展現出神聖且無比珍貴的完整性，一種無法用語言或概念來表達的合一。

也許，這樣的完整性不在那裡、別處，或未來，等著被我們發現。我們不需要走到宇宙的盡頭去找尋它。它不在天堂，也沒有隱藏在我們靈魂的最深處。也許，它就在這裡，在此生此世，但因為我們著了魔的想尋找它，反而蒙蔽了自己的雙眼而看不見它。

現代物理學證實了過往以來的靈性教導：萬物都息息相關，沒有哪件事可以獨立於其他東西而存在。這些年來，我們已經發明了許多字詞以嘗試指出宇宙的完整性，如靈魂（spirit）、本性（nature）、合一（Oneness）、非二元對立（Advaita）、非二元（nonduality）、意識（consciousness）、覺知（awareness）、生存（aliveness）、本質（Being）、是（Isness）、源頭（Source）、道（Tao）、佛心（Buddha Mind）和存在（presence, existence）。我們可以坐下來爭論什麼是生命的完整性達一百年之久，但我懷疑我們最終只會就字面意義爭吵，而喪失字詞所指的真正精髓。所以，就為完整性選一個你最喜歡的詞吧，因為完整性最後跟你選哪個字都無關。你可以稱它為道，我則稱它為生命；她稱它為神，他則稱它為意識；有人稱它為空，還有人稱它為一切。也有人不用說的：藝術家畫關於它的畫；音樂家寫關於它的音樂；物理學家意圖用複雜的算式和理論來接觸它；詩人或哲學家擺弄文字意圖追上它；巫師給你奇怪的物質好讓你自己觀察它；靈性導師同時用語言和沉默讓你認識它。

但重點是，不論它是什麼，都不可能完整的以文字呈現。概念和文字使完整性破碎；像把一個完整的真實打破成各自獨立分離的個體，如身體、椅子、桌子、樹木、太陽、天空、你和我。概念的世界是二元性的、物品的世界。

確實，我在本書中會用到許多字。文字對於寫作和閱讀是非常有幫助的！但切記，最重要的不是文字，而是生命本身的完整性。它先於所有字詞，甚至是先於完整性這個詞。

瀰漫在這些字詞當中的就是安靜與休息，我也是以這種內在的平靜在對你們說話。而這整本書就是由內在平靜寄給生命本質的一封情書——從我的本質，到你的本質。

我曾經在安養院當志工，和生命只剩下最後幾週、幾天，甚至是幾小時的人相處。病人們常向我透露，只有在人生即將落幕的時候，他們才真正看到整齣戲的樣子。那時他們才發現生命從頭到尾是多麼的可貴。很多人談到他們的遺憾，遺憾沒有把生命活得淋漓盡致，遺憾他們愛得不夠，遺憾他們因害怕被拒絕而沒有表達情感，遺憾沒有在關係中更誠實而開放，遺憾他們努力工作到生病的地步，只為了追求永遠不會來到的未來。如果他們早知道生命有給他們別的計畫可選擇，他們可能就會早一點睜開雙眼。

對其中有些人來說，只有當時間被剝奪了，他們才真正開始探索生命。但他們再也無法期望和做夢了，時間只夠他們活下去。有些人開始接觸藝術，有些人才剛開始學樂器、學唱歌或學跳舞。我遇到一位女士，最後終於鼓起勇氣去錄製她的第一張專輯。過去她只敢躲起來，獨自在浴室唱歌，讓自己免於被嘲笑或拒絕的窘境。但現在在她生命的最後幾週，她再也沒有什麼好失去的，她唱出她的心聲，彷彿沒有人在聽，彷彿她已經死了，再也沒什麼好怕的。嘲笑和拒絕再也不是她的敵人。

一天，我和一位女病人下棋，下棋時我們幾乎沒說什麼話。她理了光頭，看起來明顯因數月的化療而顯得虛弱，但和我在一起的那個小時裡，她是如此的在「當下」，就在此時此地，浸淫在生命的喜悅，著迷於每個小細節，像個嬰兒一樣。「將軍。」當她包圍我的國王時，她帶著笑意的說。那晚她過世了。但在那場棋局中她比很多還有五十年可活的人更生氣蓬勃，更開放心胸，更擁抱當下。活在當下和你擁有的時間多寡毫不相干。

為何我們常要等到生活艱苦難受時，才重新察覺生命的奇妙？為何我們要等到快死了才懂得深深感謝生命本身？為何我們為了尋求未來可能得到的愛、接納、名聲、成功、領悟，而把自己搞得精疲力盡？為何到死前我們還在工作或籌劃？為何我們不斷推遲生活？為何我們躊躇不前？我們到底在追尋什麼？在等待什麼？在怕什麼？

我們渴望的生活真的會到來嗎？還是那生活比我們想像的更靠近？

書裡談的是生命的完整性，以及現在就發現這完整的可能性，不是明年、明天或某一天，而是現在，在此刻的經驗當中，在無論發生了什麼事的當下，即使發生的事是令人痛苦且不舒服的，或是讓人渴望得到釋放的。

這本書是關於發現你的本質，超越你以為的、超越社會教給你的，更超越你的自述、自我概念與形象。也是關於發現當我們忘記自己的本質，企圖建構且維持一個由錯誤概念構成的自我形象，我們不僅是在和當下的經驗對抗，更是與他人、與宇宙對抗。我們內在的衝突成為了外在衝突。當我在和自己對抗時，我也在和你對抗。當我拒絕自己時，我也拒絕了世界。而拒絕導致各式各樣的苦難。我們讓自己對藥物或甚至是看來有益的習慣上癮，只為了避免面對我們不喜歡的自己。我們和痛苦的情緒作戰。我們尋找另一半或另一段關係來完整自己。我們努力變得懂事以逃離不適。

在這裡，我將用放大鏡看存在於我們內在的衝突根源，因為衝突發生的地方也將是它結束的地方。

據估計，單單在二十世紀，人類在戰爭或種族大屠殺中就殘害了超過兩億人口。人類似乎是地球物種中最獨特的一種，因為我們傷害或殺人不只是為了自衛或爭奪食物與領土，還為了維持形象。我們以各種形象之名進行殺戮，如意識型態、哲學思想、信仰體系、靈修方法和世界觀。當我們試圖強加我們對天堂形象和世界觀在想法和我們不同的人身上時，我們也在屠殺。我們藉真實之名、真理與謊言之名、我們的本質，和他人本質與我們的關係之名進行屠殺，然而，那些形象幾乎從來都沒有反映過現實。暴力將在哪裡得以終結？

現今的流行說法，是人類的意識仍不斷進化到更高的層次。但我覺得我們真正在做的，只是比以前更清楚的覺知到人類心智的瘋狂，比以前更察覺到我們過去的處世方式是行不通的。我們過去對自我本質的假設、二元劃分的思考、非我即他的心態都無法帶我們到外在的和平或內在的平靜。很極端的，就在此時此刻，戰爭、種族大屠殺、壓迫和暴力仍持續發生中。世界的金融體系已在崩毀的邊緣（也有人說已經崩塌了），超級強權正負債累累。生態浩劫正隱約逼近，人們正經歷創高紀錄的憂鬱、焦慮和壓力。

這世界一直都是瘋狂的，只是最近我們才比以往更加容易感受到。有了電腦後，這是史上第一次，幾乎每個人都可以查到世界各地的消息。如果你說我們比以前更急切的想要找到出路，或許是對的。

本書並不是要解決地球上所有的問題，我沒資格談論那些。我想談的是區別我與生命本身、對當下經驗的二分法，即是人類受苦、衝突和暴力行為的根源。如果我們不先面對我們正在經歷的當下，療癒隱藏在其中的瘋狂、暴力與抽離，我們也無法終止人類的集體瘋狂。當我們能知道這些對生命、對他人的負面情緒來自哪裡時，當我們看見和體認到這些苦難折磨是我們自己創造出來的時候，也就會看到我們是如何加諸這些折磨於其他人、我們所愛的人、我們的城市、國家、土地或地球之上。

暴力始於你，也因你而結束。更要緊的是，認知這個真相後要負起全部的責任。

我不是要教你如何逃離人類心智的瘋狂，而是要教你進入其中的方法；我並不是要提供終結苦難的解答，而是要提供另一種看待苦難的方式，一種你能重新與它連結的方法。直到我們了解苦難最純粹的本質之前，我們是無法終止個人或普世苦難的。當我們真的了解後會發現真正的自由並不是逃離當下的經驗，而是毫無畏懼的潛進其深處。在那裡，我們或許會遇見長久以來我們一直向外尋求的平靜、愛與全然的接納。

現在，要你專注在自己的痛苦聽來可能很自私也很自戀，你或許會想：「坐在這裡只看見自己痛苦的這個人是誰？我不是該走出去，忘掉自己，幫忙消除世界的苦難嗎？」記住，所有你內在的痛苦，都會無法避免的投射到外在世界。所有你心裡的爭戰，最終都將成為與世界的爭戰。如果你心裡有暴力和缺口，你也會把它們帶進你的親密關係、你的家庭、工作環境，最後到世界。世界不過就只是你心中的投射，如同靈性導師、聖人賢者及神祕論者一直以來不斷提醒我們的一樣。

靈性導師奧修也說過，專注於自己內心勝過嘗試解決外在世界問題的謬論。他說：「對，那看起來是很自私，但蓮花是不是自私才能盛開？陽光是不是自私才能閃耀？」弔詭的是，為了要完全無私，你必須先徹底的自私，眼裡只有自己，但不是你平常以為的那種目中無人。你必須願意、好奇，並著迷於看破隔離你與當下經驗的各種形相，你必須開放的去探索痛苦從何而來，如何又為何會出現在你身上。你必須願意去看你最深層的恐懼、痛苦、悲傷，及未竟的渴望，和它們正面相對並認知到，即使你覺得自己最難以被接受的地方也能被全然接納。

真正的自由在於無懼的面對黑暗，並在最後體認到黑暗與光其實只是一體的兩面；在於認知到你尋求的其實一直藏在你最深的恐懼中。用湯瑪斯・哈定（Thomas Hardy）

的話說，想變得更好，就是認真面對最糟的部分，並發自內心接納它。

當你知道自己為何感到受苦，立刻就能了解別人的苦痛。我們過於專注於自己的獨特性，而忘了基本上我們都是一樣的。就像佛祖所說的，眾生都在尋求離苦求樂之法。當你明瞭人為何受苦，你便能深深同理別人的苦難，正如與人同苦（compassion）的字面意義一樣。

當我認為痛苦是我個人的，我容易迷失在自己創造的痛苦幻象中，脫離生活，關上心門獨自難過。但若我超脫自己的悲慘故事，就會看見那痛苦不是我的，而是全世界、全人類共同的痛苦。當我失去父親時所經歷的悲傷不只是我個人的，也是全世界失去父親的孩子的，我和他們一同悲泣。在與當下經驗最親密的交會處，我發現我就是自己努力嘗試拯救的宇宙，就是自己努力想要實踐的同理心，就是那些自己一直想要保持聯繫的朋友們。我在最痛苦也最切身的個人經驗深處，發現存在最客觀的實相，也就是，我是自由的。許多靈性教導談到逃離主觀的狀態往客觀前進，但在本書你會看到，主客觀是不可分割的一體兩面，嘗試分開它們正是受苦和矛盾的起源。

某種程度上來說，你並不需要這本書。你現在就是完整的，你就是你一直在尋找的生命意義。現在、此刻就是你的生命意義。此刻即永恆，永恆即完整。沒有其他事要做了，恭喜你！你可以丟掉這本書，好好的去喝杯茶，享受三明治的美味。

但另一種可能的情況是，你還沒認知到自己已經是完整的。可能美麗動聽的靈性箴言，像是「你已經是完整的」和「唯有合一」，仍只是好聽而不是你生活經驗中的真實。或許你還在和自己的感覺、痛苦、癮頭和感情問題奮鬥。或許你仍在尋找答案、被愛、讚許、啟蒙。或許你還在等待平靜到來，仍渴望找到更踏實、喜樂的生活方式。又或許，你雖然相信自己並沒有遠離生命，卻感受不到合一。

你的苦痛絕不是詛咒、懲罰、偏離正軌或失敗的徵兆，反倒是探索當下經驗的絕佳起點。只有神知道，如果不曾經歷這樣的苦痛，我不會開始質疑我熟知的每件事，更不會在我過不去的地方、在我否定自己的每件事上，找到釋放。

我不保證能帶你到神奇的境界，或給你妙不可言的靈性經驗，那留給靈性大師做吧。此外，境界與狀態時時刻刻都在變化，如果我們真的想要終結苦難，我們必須超越這些無常的經驗，包括那些絕妙的感覺；發現恆常存在，並非轉瞬即逝；專注在一直被我們對未來的追求、與對過去的眷戀所忽略的現在。

我不認為自己是靈性或心靈導師，不是什麼特別的、已覺醒的，或已受開悟之人，或者和你有什麼根本上的不同。我覺得我比較像是一個朋友，溫柔的替你指出回到本質的路，提醒你內心深處你早已知道的事實。當然，我也不希望你將我的話照單全收，反而我更希望你能觀照自我，驗證我說的和你經歷的是否一樣。我並非生命事物的掌權者，試問誰能掌控鳥鳴、心跳、雨落，或生命中的此刻呢？但也許本書中的某些話語，會指引你重新覺知到你當下經驗的本來面貌，一種在所有事物核心當中，深刻而全然的接納、輕鬆、寧靜，這經驗讓你不再需要外在的權威，讓你自由的像風雨中的大樹一般，昂然面對生命，全心投入存在中的真實與挑戰，並且扎根於對自己本質不會被動搖的確信中，深知本心長存。

1-2 我們為何受苦？

「我們不該停止探尋，探尋的終點將回到出發的起點，那時見山又是山。」

——艾略特

人生中的大部分時間，我都悲傷且寂寞，像是在生命汪洋中一朵抑鬱的浪花，感覺和大海格格不入，在心裡不斷和自己也和別人打架，從未感到片刻的放鬆。這麼多年來，我拼命的嘗試融入，努力有點作為，和他人建立更好的關係，找尋真愛，找到自己的立足之地，但儘管我盡了最大的努力，我的憂鬱卻只變得越來越嚴重。我把問題推到其他人事物頭上：基因、腦中的化學物質、生長環境、父母、朋友、老闆、現實的殘酷、金錢至上的社會、新聞媒體、肉食者、政客、財團、所有「做壞事的人」。感到悲慘不是我願意的，這只是對生命加注在我身上的壞事正常反應而已，我是這麼想的。生命是殘酷、無情、不公平的，我被詛咒了。我責怪命運帶給我的痛苦，並認為自己有權這麼做。「如果你也經歷我所經歷的，你也會變得跟我一樣！」我喜歡這樣為自己的悲慘感覺辯護。

生命沒有達到我的期待，旁人讓我失望，不管我多麼努力，我還是無法掌控我的生命。於是我終日賴床不肯起身，體重下降、噁心想吐、還想自殺，無法也不願面對流逝的每一天。起床的意義在哪裡？等在門外的只有更多的悲慘。我知道生命是怎麼一回事，我要不計任何代價避開它。生命是一連串的痛苦，而我不想感受痛苦。

我怎麼會變成這樣？簡而言之，在我的成長過程中，我建構了很多「人生該怎麼過」的想法，集合了對什麼是真實的信念，對什麼是事物本質的假設，對什麼是好什麼是壞的概念判斷。我對事物的是非、善惡、正常與適當與否有了許多既定的看法。

我也設法維持我的自我「形象」，對於我怎麼看自己，和別人怎麼看我都有很多要求。例如，要看起來是成功迷人、聰明善良、慷慨包容又有才華，但天總不從人願，我也總成為不了我想當的人。生活不如意，過去沒有人懂我，將來也不會有人懂！過去這些對生活期待的失意和永不止息的自我批評給我帶來痛苦，我痛恨並發誓不要再經歷它們。

然而，在我二十多歲時，我經歷了一系列深層的洞見，了解到我憂鬱的本質其實是來自於我對生命的極度抗拒。我並不是在經歷某個存於我之外的憂鬱感覺；憂鬱這東西也不像事件那般發生在我身上；我只是在內心和事物的本然如是打架罷了。而這場爭鬥的根源是由於我對自己真實面貌的無知。以前，我看不見生命的完整性，我忘記自己的本性，並走上和當下經驗敵對的道路。在不認識自我、將自己認知為一個分離本我的同時，我已經和當下的經驗作對了。

我的憂鬱和我怎麼看待世界有著絕對相關，如我對世界的評價、信念，及對此刻應該如何的要求。隱藏在我想藉由思考來控制生命的企圖下的是，我對改變、失去及對死亡最終極的恐懼。我對生命的抗拒把我帶到了極端——自殺型的憂鬱。我們其實都或多或少將自己阻隔於完整之外。我們離完整有多遠，痛苦就有多深。我曾把自己完全的隔離，那折磨令人難以忍受。我曾是個行屍走肉，但並非命運使我如此，而是在追尋那個永遠不會到來的、存在於未來的完美時，我讓自己變得如此。

我的憂鬱源於分裂的自我感覺，也就是說，身為一個個體，我和命運，和此刻都是各自獨立的。這個我，於是必須支撐和維持所謂的「我的生命」，精心安排它，讓它朝著我的目標前進，讓它在掌控之中。我從小就是如此被教導的，但這也成了世界對我的壓迫：我必須掌握自己的生活，必須知道我想要什麼，且有能力去得到它。別人似乎都知道他們自己是誰，想做什麼，要往哪裡去，但我似乎無法在實現自己故事的同時不被它壓垮。「我因不能好好維持自己的生活而感到憂鬱，因而反被生活壓迫。」

我現在明瞭我們都被生活上、成長經驗中及想像中的這些未來重擔壓迫著。在這個意義上，我們都有不同程度的憂鬱和沮喪。只是我們往往等到已承受不住那重量時才稱自己是憂鬱的，而想把自己從他人中劃分出來。雖然我們並不全是臨床上的憂鬱患者，我們卻都帶著各自的生命故事，也都嘗試讓命運符合我們的期望，然後某個程度上我們都失敗了，遠離了自己的本質。

我的折磨是以憂鬱、對存在的焦慮、極度害羞及冷漠的人際關係形式出現的。每個人都遭受不同形式的折磨。人都在受苦，我們可以視折磨為可怕的、必須不計代價去避免的東西；或是，我們可以凝視它的本質：一面清楚指引我們回家道路的指示牌。

在極度的沮喪中另一個可能性浮現了：或許我無法好好維持自己的生活並不是病，不是精神有問題，不是有障礙，更不是軟弱。或許，從最開始，這就不是我該設法維持的生活。或許我從未真正認識自己。或許真正的自由和想要成為大海中最美的浪花、使自己變得更完美根本無關，而是要我們從原本自認為是個別不同波浪的夢幻中醒來，擁抱出現在當下經驗之海裡的萬事萬物。或許那才是我該做的，生命對我的真實召喚——不是設法維持錯誤的自我形象，而是全然接納現在，放下對現在樣貌的框架。

我對假扮別人、抗拒此刻已不再有興趣，轉而愛上了現在。我發現全然的接納就在每個想法、感官和感覺當中，我的痛苦也因此不攻自破。我認知到自己並沒有做錯什麼，從來沒有，這世上的其他人也是一樣。

人類的苦難看似深不可測，令人困惑而無法掌握，是巨大而不可企及的難題。有時苦難看似沒有道理和邏輯，來得如此隨機且出乎意料，讓人不禁感覺「一定是我做錯了什麼」、「我一直都這麼糟」、「受苦就是我的命運」或「一定是基因遺傳或腦中化學物質造成的」。

我不信有人天生就有問題，不信人註定要受苦，更不信悲慘命運是被預先決定或與生俱來的種種說法。

我看到的是許多人都在「尋求」。他們想逃離當下的感覺和想法，抗拒當下的經驗，但自己卻渾然不知。於是他們覺得受苦像是外來的事件，突然發生在他們身上，自己只是被動的受害者。但如果他們明瞭自己拒絕當下的程度，就不會用各種奇怪的理論來使自己的痛苦合理化，也不會為此而怪罪命運、自己、他人、環境，或是星球的排列、電磁力或宇宙能量、他們的因果報應、靈性導師，甚至上帝或魔鬼。他們將真正負起對自己的責任，如實的回應此刻的生命，而不是被自己想像出來的生命所折磨。

我所受的苦最後都成為祝福，而非詛咒。我所經歷的憂鬱則是以最戲劇化的方式讓我看見，自己是多麼拒絕面對生命。從這個角度想，苦難一直以來都是指引我們回歸完整的路標。

我們往往是感到受傷了才開始傾聽生命，而我們也不知怎麼的，總會在經歷恰到好處的苦難折磨後，才重新認識自己的真實樣貌。每道浪都是海洋的獨特表現，每道浪也會經歷各自的磨難，而你的痛苦便是海洋邀你回到懷抱的特別邀請。

我的憂鬱筆直的指向靈性覺醒，指向我沉寂許久的真實本質。它是一份要我放下對過去和未來故事過度編織的邀請。它邀請我從分離的夢境中覺醒，在當下的經驗裡好好休息。只是，我仍花了好一段時間才接受這邀請。

通往自由的鑰匙就是明瞭沒有任何外在事物可以造成我們的苦難。環境不會使我們受苦，我們對環境的反應才是苦難的來源。只有當我們尋求、想逃離當下時才會覺得痛苦，而這麼做的時候，我們把自己和生命隔離，不僅和自己的內在，也和他人打架——有時以顯而易見的方式，有時則不然。受苦源於我們不願承認自己的感覺，不願面對我們正在經歷的事情。苦難就是我們和生命的本質在對抗。以深一層的意義來說，當我們忽視當下發生的所有事都早已被接納時，苦難便在等著我們。

人們對於「接納」這詞有許多困惑，因此在我們更深入探索之前，我要為它說幾句話。第一次接觸這訊息的人，其中一個反應是：「傑夫，你的意思是要我們接受每件事，如坐在家裡、無所事事，放棄改變任何事的企圖嗎？如果我們只是接受發生的每件事，難道不會變得被動、抽離、沒行動力和無能嗎？」

接納，指的並不是我們該放棄所有避免壞事發生的企圖，雖然你好像可能會這麼做。我也不是說在可以做點什麼的時候，我們仍然無所事事只是看著壞事發生。沒有人希望自己所愛的人生病，沒有人想要弄丟錢或在車禍中受傷，沒有人希望自己的伴侶突然離開自己，也沒有人想要被襲擊。但這些事情會發生。生命不會照著我們的計畫走。即使我們有最好的立意，做了最周詳的計畫，正面思考，好好禱告，企圖彰顯我們的使命，順著我們的靈性發展且宣傳我們靈性上的進化，事情仍不如我們所願的發生。因此我們也才能一次又一次的看到，最終我們仍無法掌控這個我們稱為生命的東西。即使是最有智慧而且聰明的人，到頭來還是得躺在醫院的病床上，忍受著因腫瘤而帶來的巨大痛苦，要求更多的嗎啡。

我要說的是，如果我們要真正的自由，我們必須誠實的面對現實，不能再否認、冀求、期望，而是要如實的陳述生命。自由在於承認此刻的真實，不管和我們夢想、計畫的落差有多大。

最後，我要說的是，真實（不是我們自以為的那種），才是真正的掌權者。接納就是看清真相，看到本質，而不是看到我們對它們的期待和投射。當我們和它們一致的時候，我們便能自然而然的帶著愉悅、智慧且充滿創意的做事了。

我們時時刻刻都在評價。發生事情時，我們同意或不同意、接受或拒絕、判斷應該或不應該。或者，我們常把「生命很糟糕」、「生命很美好」、「生命是無意義的」，或「生命很殘酷」掛在嘴邊。有時，我們也說「我命真好」或「我命很差，總是得不到想要的」。但這些標籤都是後來我們的評價，生命本身不好也不壞，生命就是生命，一如它所展現的，不管我們稱它為好或壞。聖經上說：「生命讓陽光同等的照耀善與惡。」它讓陽光閃耀，它就是閃耀的陽光，它亦是陽光所照射的萬物，包括那些我們不希望被陽光照射到的陰暗面。

接下來，我會花更多時間更深入的來談接納的本質。但現在，從看見生命的完美，並全然接納發生的各種事物開始，我們仍有完全的自由去做我們想做的事，如幫助別人、沿革舊習、創造改變。不同的只是，我們的行為不再是根植於真實是破碎且必須被修補的，或人和生命是隔離的這樣更深層的假設。任何基於生命是破碎這種假設所做出的行動，只會使看似能治癒人們的心病，更加惡化下去。

接納不是要你對生命不採取任何行動，那是抽離，是另一種形式的隔離。接納是和生命的各種面貌保持親密，你可以說它是抽離之死。當你明白自己就是生命本身，就不會再有被動的態度。

覺醒不代表結束，反而是投入生命的開始。弔詭的是，當我們明白生命有多美好，萬物的發生有多麼的恰如其分時，我們反而能比以往更自在的去探索和改善世界。看到人們本性的美善後，你能更輕鬆的幫助他們重新看待自己認為的不完美處。你不再把人們看成是壞掉需修補的瑕疵品，你會放棄根深蒂固的假設，而看見他們與生俱來的完整。他們也因為你的深刻認知，回到最初的完整。奠基於此信念，你能自由的全心投入，並且和顯而易見的隔閡共舞。

不再試著修補生命，你或許能成為生命的助手；不再試著糾正別人，你或許能成為他們的祝福。或許真正的療癒就發生在你放手的時候。

或許生命最需要的是：人們不再只是看到問題，而是看見自己與世界的合一，並在全然的接納中，全心投身於世界。接納萬物的本質與無懼的投入生命其實是一體的兩面，儘管難以用理性理解。

◆追求未來的完整

戈馬克・麥卡錫的小說《長路》中描寫一對父子，在世界末日來臨後倖存，並忍受飢寒交迫的橫越美國。樹木與花兒仍在漸漸枯死，大部分的人類都死亡，倖存的許多人則開始以吃人維生。支持著父親與兒子繼續走下去的是對未來美好的寄望。一張破舊不堪的地圖是他們僅有的財產之一。他們不知道要去哪裡，只知道該往南走。他們不知道南方有什麼，或許只是一片荒涼。他們只知道他們必須往南走，南方儼然已成為一切真善美的象徵。

我不會洩漏情節，但最終我們會發現，如果這對父子能更覺察路途上發生的事，更留意生命一次又一次試圖傳遞的訊息，他們就不會如此急切的想要抵達終點。只看目的而不看過程，他們錯失了彰顯生命與關愛光輝的旅程。

這故事正是我們生活方式的巧妙暗喻，我們總是想著如何到達那裡，但生命就在這裡。我們總想著要回家，但或許，只是或許，就當下來說，我們早已在家了，只是我們並不自知。

這情況出現在許多小說、劇本、電影、神話和靈性故事中。主角們通常離家到很遠的地方去，在旅途上找到自我，爾後歸來，好像改變了一點，又好像沒有。在或許是最受歡迎的電影《綠野仙蹤》裡，一位年輕的女孩離開她無趣的家，踏上驚奇多變的冒險之旅。在遇見各個不同面向的自己之後，她回到家，就在那時才看見家的美好。其實，家並沒有改變，只是她的眼光被打開了。在迪士尼音樂劇的故事開頭，覺得自己是被家人所放棄的主角，會唱出他們的渴望：冒險、愛情，以及其他無法在家裡獲得的東西。那些渴望呼喚他們離開，但最後他們總是會回來，或是找到一個新的歸屬——真正能包容他們的地方。據說每個故事都是依循這個基本架構來發展的：英雄從已知走向未知，但最終一定會回來；慕道者離家尋求開悟，然後發現自己所求的道並不在別處，就在最初的地方，於是返家。

音樂中被彈奏的音符及和弦也是循著相似的旅程，離開它們的家，發出聲響，為著迷的聽眾製造張力，最後又消退回歸原先的靜止。而聽眾感覺音樂好像在我們體內流動，帶著我們離開日常生活後，再把似乎有點改變、感動、昇華的我們送回來，回到原處。我們被觸動了，雖然我們動也沒有動。

我們感到急需離家，尋找可以使我們完整的東西，不管那是什麼，但我們也同樣急切的想要返家。在幼稚園或辦公室度過漫長且耗竭心力的一天後，我們只想回家，回到爸媽或愛人身邊，回家睡覺。當我們還是孩子的時候，我們一離開家太久、離開我們所愛的人時就開始想家。有人過世時，我們會說他們「回家了」，或是找到一個可以永遠平靜安息的新家。

在人類歷史中，對於回家的意象展現在我們生活的各個領域，如藝術、音樂、科學、數學、文學、哲學、靈性及對愛情的追求上。對家的渴望是人類心靈深處的需求。

在藝術中，尋者與被尋之物，前景與背景，光線與陰影，正面與負面的交互作用創造了緊張的戲劇效果。講笑話需要一句妙語，句子需要一個結尾。這是我們與生俱來對結局的嚮往，它讓藝術、笑話、句子如此戲劇化，如此令人注目及滿足。或許正是同樣的嚮往，讓史上所有的數學家、哲學家、物理學家嘗試尋找某種巨觀統一且包羅萬象的理論來解釋現實，在混亂中找到完整，從荒廢中找到愛，尋找宇宙的圓滿。有人說就連宇宙也仍在進行擴張和收縮，就像在以某種形式尋找平衡，尋找回家的路。萬事萬物都渴望休息。

家不是一個地方、一樣物品或一個人。家是休息。以英文字根來說，家的本意是「休息」和「躺下」。

我們像是大海中的浪，渴望著回到我們其實從未離開的大海。浪以為自己和海是分開的，從這個最初的錯誤認知開始尋找回到海洋懷抱的千百萬種方法。其實浪要找的就是自己卻不自知，渴望的回家就是回歸自我。這就是人類普遍遇到的狀況。

這種分離感如何表現在我們當下的經驗裡呢？這麼說好了，我們都處於一種生命中少了什麼的惱人感覺當中，對吧？失落感是一種奇怪的空虛感，像是身體有一個黑洞需要不斷被填滿，像是我們總是不夠好，像是我們與生俱來就做錯了什麼。正是由於這基本的空虛感，我們在時空中尋找我們的源頭、尋找休憩、尋求解脫、尋覓圓滿。我們追求成就感以填滿空虛。在我們對於整個宇宙的鄉愁中，我們尋求與神合一、與聖靈合一，與自然、靈性導師合一。我們追求吃撐的肚皮和飽滿的荷包。女人和男人彼此尋求，希望藉著與另一半完整自己；我們尋找靈魂伴侶，會使我們完整的另一半。我們追求命運，卻不了解我們就身在其中。

出於不完整感，我們開始追求一個完整的未來。認不出我們真實的命運就是整片當下經驗的汪洋，我們向外去尋找那片海，並深信未來的某天，我們一定會找到它。我們這樣告訴自己：「我現在不完整，但有一天，一旦我找到我在尋找的，我就會變得完整。」

終有一天我會找到真愛，到時我就完整了。終有一天我會頓悟，到時我就完整了。終有一天我會成功，到時我就完整了。終有一天我會變得有錢。終有一天我的病會治好。終有一天他們會認同我。終有一天我會全然安在。終有一天我會意識清明。終有一天我會活在當下。終有一天我會找到平靜。終有一天我能完全的做我自己。終有一天我會被了解。終有一天我會成為一個明星。終有一天他們會愛我與接納我。終有一天我會成熟。終有一天我將為人父母。終有一天我會自由。終有一天我會快樂。是的，我會變得完整，總有一天。但不是現在，時間還沒到。

我們努力追求「總有一天」會到來的財富、權力、愛情、成功、頓悟，因為這些東西對我們而言是家的象徵。我們認為只要得到我們想要的、找到我們尋求的，我們就能回到家。無限的鄉愁是我們追求這些的根本原因。

有時我們甚至得到我們想要的：新車、新對象、新工作、窈窕的身材、均勻的膚色、靈修的新境界、名聲、誇讚、成功等等。我們感到一時的完整，但空虛感很快就回來了，於是我們又重新開始追求。就像我們體內有個東西永遠無法滿足似的，總是想要更多。不管它得到多少，它總是要更多。不管它擁有多少、成就多少、掌握多少，它要更多。不管它有過多少經驗，不管它讓自己增加多少價值，它還是要更多。

不管我的生命故事有多完整，它還能更完整。工作可以有更好的薪水，感情可以更甜蜜，我可以有更多的財富、更多的成功、更多的誇讚。靈修的經驗可以更深入、維持得更久。我總是能更接近頓悟、更活在當下、更有自覺、更自由、被愛更多。或者，我不想要的東西可以變得少一點：少點痛苦、少點恐懼、少點悲傷、少點憤怒、少點折磨、少點自我、少點想法。我的生命永遠都不會完整，也就是說，我永遠來不及使自己完整。

我認識一個人，他在四十歲前就成為億萬富翁。他努力工作，也得到所有他想要的：多到用不完的錢、一棟豪宅、漂亮又人見人愛的老婆、可愛又聰明聽話且認真上進的孩子、許多朋友、賞識和尊重。他三十七歲就退休了。不誇張的說，他退休當天，當他一個人在家時，突然間空虛、不完整、想家的感覺都重新浮現了。那正是他年少時曾有的感覺，也正是這種感覺驅使他工作到半死只為了成為億萬富翁，他畢生都在逃避這種感覺。他以為財富、豪宅、妻子和家庭可以帶走這感覺，這是世界承諾他的。

現在他遇到難題了。他已經得到他想要的，但他還是覺得不完整。他仍感到不屬於這裡，他怎麼了？現在，當再也沒有工作的事讓他分心，必須重新面對失落時，他已無處可逃。

那晚，這位年輕的富翁喝了一杯又一杯，再一杯。很快的，他上癮了。他對工作的沉溺被對酗酒的癮頭取代。畢竟，他無邊無際的失落感需要被抹去。

這人的故事清楚說明了尋求者即使得到他想要的，仍無法被滿足。最原始的失落感不能被有形世界的任何事物抵消。得到你想要的並不會因此帶走你最深處的鄉愁。

這裡還有一個佛教徒都知道的問題存在：在一個無常、充滿流動與變化，超越你能掌控的世界裡，即使你真的得到想要的，你也隨時都可能失去它。最終，生命不會給你任何保證，出現的也會消失不見。

在心靈深處我們知道，絕對沒有任何事物，可以使我們不致失去所有，這也是為什麼我們有這麼多焦慮的原因。現在我們有了新房，卻擔心失業、擔心無法負擔帳單。銀行帳戶有足夠的存款，我們卻擔心金融風暴、擔心存款頓時化為烏有。不論你和伴侶的感情現在有多美好，你擔心她會離開你、生病或更糟。你擔心你的孩子會被傷害。你擔心你自己的身體，或所有可能使身體出問題的事。但你同時也知道，沒有任何事，包括你的豪宅、傢俱、跑車、游泳池、銀行帳戶裡的錢或甚至你敬愛的靈性導師，可以保護你免於失去、免於面對改變。

的確，人或物可以給你暫時的安全感、慰藉和樂趣，但他們不能給你你真正想要的，也就是免於失去、免於失落，最後是免於死亡的自由。他們無法提供你渴望的安全感，也無法帶你回到真正的歸屬。除了你自己之外沒人能帶你到那裡。

這裡有另一種對於追尋真正歸屬的看法：想像你是個新生兒，你從未見過這世界，每件事對你而言都是陌生又神祕。那些奇妙的景象、聲音和氣味！你甚至還不知道怎麼稱呼那些奇特的感覺和知覺！你在半夜醒來感到孤單、飢餓又害怕（雖然你還不知道這些感覺的名字）。某個程度上你覺得不舒服，你只能用大哭與尖叫溝通。你不能說：「不好意思，我覺得不舒服，有沒有人可以來幫我。」你只能尖叫，然後等待救援的到來。

你的媽媽進房把你抱起，邊餵奶邊安撫，突然間，每件事又都很好了。不舒適感似乎沒那麼糟了，恐懼也沒那麼嚴重了，你不再孤單，你又覺得安全了。你感覺被自己以外的力量保護著，你的不舒服已經退去。外力來了之後，讓情況重新變好。

如果嬰兒能說話，他（她）或許會這麼說：「當不舒服的感覺來臨時，我尖叫。最後媽咪來了，然後不舒服就走了，就像變魔術一樣。媽咪把不舒服趕走了。」

但讓情況變好的並不是媽媽。媽媽沒有把不舒服拿走的力量，那只是新生寶寶感覺似乎如此而已。認為自己以外的任何人事物能讓我們感到舒服、能帶我們回家，都只是美麗的錯覺。我們很快就相信追尋自身以外的事物能帶走所有不好的想法與感覺，這追尋的機制可能從很小的時候就被建立了。我們向外探尋能讓事情變好的方法，或許我們對母親的依附感就是第一個尋求的表現。但讓我們真正依附的並非母親，而是家的感覺。我想，對大部分的嬰兒來說，母親是第一個代表家的人。

我猜想，或許雖然我們追求著千萬種不同的東西，但我們都只是想試著回到母體，那不分離的狀態。在母體中，我和子宮是沒有分離的，我和母親也是沒有分離的。那裡有的只有完整，不分裡外。在子宮中沒有他者。換句話說，子宮就是全部，就像全世界都在那裡，全宇宙都在那裡，只為了照顧我、保護我。我被擁抱在愛的海洋中，直到永遠。那就是家，沒有對立，因為在子宮中我沒有內外的概念。在那片海中，每道浪潮都能被全然的接納。那就是我。事實上，我甚至不在子宮裡，我就是子宮。那就是完整，那不是我和子宮（兩個東西），而是只有子宮（唯一也是全部）。因此，我不是從子宮中生出來的。在我最深層的本質中，我曾是，也就是子宮。我，就是我渴望的完整。

但我卻像是沒先獲得警告一般，就被逐出這個全然圓滿無對立的地方，那些不需努力就能得到的安全感瞬間消失。忽然間，我必須面對充滿身外之物及偶然事件的世界，在這裡，舒服、安全、美好都是來了又走、走了又來，無法預知。這裡不再永恆美好，而是一個美好與不美好互相抗衡的世界。

因為每個人都曾住在子宮裡，我們可以這麼解釋：我們對美好仍有模糊的、非語言的印象，而且一直有回去的渴望。或許我們對家的尋求就是對子宮的尋求，找的不是一個地方，而是曾在那裡的完整。我們想要感覺安全、被保護，重新回到美好安在的狀態。

長大成人後，我們不再哭喊著找媽媽，轉而用更世故的方式尋求對痛苦的解脫。我們以隱喻的方式吵著要下一根煙、下一杯酒、下一場性愛遊戲、下一次工作升遷、下一回靈修體驗，下一個釋放——所有能讓世界美好，或能夠帶走不美好的東西。

即使是生長在最悠閒愜意且充滿關愛環境裡的孩子，也擺脫不了這種失落感和分離感，好像這是每個人與生俱來的。這不是父母的錯，沒有人會刻意把自己的孩子變成尋求者。當孩子能抽象思考後，自然就會尋求概念上的完整，自然就會是從經驗上去建構分辨什麼是好、什麼是不好的想法，並且為了達到美好，他們會避開自己所認為的不好。從這角度看來，先發展出分離感，再藉著尋找圓滿來消除它，是生命自然演化過程的一部分。尋求並非壞事，更非敵人，它只是一個錯誤的身分認同。

◆對當下的抗拒

我將會變得完整……

當我能融入同學、同事，和社會時。當人們終於了解我且認同我做的事時。當身邊的人開始改變時。當我創作了一個人人喜愛的偉大作品時。當我的身材變得完美時。當我完成我的使命時。當我找到我的靈魂伴侶時。當我完全醒悟時。當我得到金牌時。當我有了小孩後。當我找到自己要追求的是什麼的時候。

我們不斷追求未來的完整，因為某種程度上，我們覺得現在的自己並不完整。你想要被人了解？這意味著你覺得自己正被誤解。你期望能開悟？這說明你覺得自己仍然無知。你想要真愛？這代表你沒有感受到被愛。「你希望以後得到什麼？」和「你現在正在逃避什麼？」其實是一體兩面的問題。

了解下面這件事很重要：所有我們對未來能獲得抽象事物的追尋，如頓悟、財富、權力、成功與愛，早已根植在我們對此刻的抗拒中，因為對未來完整的追求，起因於對現狀的不滿，而那正是我們苦難的起源。只有全然接納此刻才能結束這情況。

有人問我要怎麼樣才能開悟？他們相信我已悟道（雖然我從未這麼說），且認為我可以教他們如何變得像我一樣。通常我只會說：「嗯，開悟對你而言是什麼？當你悟道後，你經歷的感覺將會和現在有何不同？」他們常會像這樣回答：「我覺得當我悟道後，我的恐懼、悲傷和痛苦會消失，我覺得開悟能把我不好的部分帶走。」

你看到了嗎？沒有人真的想「悟道」。他們只想逃避此刻感受到的不滿足、悲傷、痛苦、憤怒、挫折、無聊，或不被愛、不被需要、不被成就的感覺。他們只是想結束這樣的折磨。但不是在當下去迎頭面對折磨，並看到其中的完整性，他們只是被動的等待未來事件、狀態或經驗的到來，幫他們結束這一切。他們只是想回家，和我們每個人一樣。但在他們的故事中，他們固執於將開悟當成他們想回的家。

我們不希望痛苦降臨，但它還是來了。我們不希望被恐懼包圍，但它還是出現了。由於制約，我們不把痛苦、恐懼、悲傷、憤怒和其他各種感覺視為生命完整的一部分。我們被制約的將這些經驗視為不完美、汙染、偏差、不潔等不完整的表徵。換句話說，我們被教導、被訓練，甚至被洗腦的將某些經驗看成是對生命的威脅，讓我們相信這些經驗是不利於生命的，彷彿在我們的生命裡不該有它們的位置。憤怒、恐懼、悲傷、不適、痛苦不該進入生命。我拒絕它們，因為我相信它們不屬於我，我並不把它們視為生命完整的一部分。我相信它們對我的健康有害，所以花上畢生的時間逃離它們。

你覺得哪些經驗不該屬於你？你覺得哪些想法、知覺、感覺不容於你？哪些你覺得不恰當，不該出現在那裡，或不像真正的你？

簡單來說，我們向外尋求純潔、完美或完整，因為我們認為我們現在的經驗在某方面是破碎、不完整、不完美的。我們尋求圓滿，因為我們不覺得現在圓滿，我們現在的想法感覺中沒有圓滿，所以我們到未來尋找。我們成為圓滿的追求者，並且需要一個未來以使自己完整。追求者永遠需要時間，以找到他們要的，而此刻就只成了達到目的的手段。

這正是所有苦難的開端——失去此刻，便失去了我們真正的家。

◆試著掌握此刻

有個男人曾和我談到他在孩子面前控制自己脾氣的問題。他說他的脾氣就像座火山，總是在他最不希望發生的時候，沒來由的爆發。在工作了漫長且令人精疲力竭的一天後，他下班回家看到孩子們在尖叫，跑來跑去，把家裡搞得一團亂，他總會盡力安撫他們，要他們守規矩。他試了這些年來學得的技巧：好好和他們說話、和他們講道理，忽視他們，陪伴他們，以堅定的態度對他們，和他們做心靈溝通，獎賞他們，懲罰他們，但沒有一項有效，孩子就是不聽他的話，接著他就會感到怒氣開始在他體內沸騰。他會無助的設法控制怒氣，忍住它，接受它，愛它，允許它，超越它，「不加選擇的意識」它，壓抑它，「成為」它，但它還是會爆發，不管他做了什麼或不做什麼。然後他會發現自己正在咆哮大罵孩子，說難聽的話侮辱他們，即使他沒這個意思，他還是做了之後會讓自己後悔的事。他的脾氣似乎超乎他所能控制的範圍。

聽起來很熟悉嗎?你是否也發現自己有時用了你無法理解的方式對待孩子、伴侶、父母或朋友?

記住,本書裡的所有例子都適用於你。你可以從我說的每個例子裡回溯自身的經驗,看看哪部分和你的生活經驗有關。

這人拜訪了一些靈性導師,和他們分享他的問題,而他們的回應如下:「你可以選擇不要生氣。」或是「怒氣出現與否不是你能決定的。」或「唯一有的是合一。萬物都是平等的,所以你有沒有對孩子發脾氣並不重要。沒有人一直在生氣。」這些說法提供了他暫時的安慰,但並不能完全終結他的折磨。他知道說到底,怒氣爆發只佔了他生命中的一部分,但知道並不能阻止它發生,或讓他不再受此折磨。憤怒就是在那裡,不論靈性導師怎麼說,怒氣仍在破壞他和他最深愛的孩子之間的關係。世間所有的靈修概念似乎都無法解決問題核心,好像沒有其他辦法可行,他只能學習容忍自己的憤怒。

我問這男人在這情況下他尋求的是什麼,他答不出來。怒氣爆發似乎就這麼發生了,他看不出來這件事和他對完整的追求,以及和他對當下經驗的抗拒有何關係。他不認為自己有在尋求任何東西。他不追求開悟,也不想要盛名或財富。他似乎只是竭盡所能的處理一個非常棘手的情況。

有時，為了找到你真正的所求，你必須停下來，深呼吸，拿起放大鏡細看當下的經驗。這人和我開始探索他的經驗，僅透過簡潔而誠實的問答，我們很快發現他從禮貌的要求孩子到怒氣爆發的短暫時間裡，有很多其他的事情發生。

當他看到孩子們在尖叫吵鬧的時候，所有令人不舒服的想法與感覺漸漸升起，例如無法當一個好爸爸，還有無法掌控情況的無能。「我是哪裡出了問題？為什麼我不能管教好孩子？我是個大人，應該要能夠掌控情況，但我卻做不到。我是個失敗的父親、失敗的男人。」首先是強烈的挫折，然後是絕望與極大的無助感浮現，淹沒了他。男人開始覺得自己像個無助的小孩，不再是自己所希望成為的成熟與強壯的父親。他覺得他所有的認同都在崩塌，一種對存在的焦慮竄進心裡。他幾乎感覺自己要死了，實際上，死的只是他的自我形象，一個成熟而強壯的父親形象；死的是他認為自己應該成為別人也認同的自我形象。他在面對自己一直以來投射在世界中自我形象的死亡，而這對抗被挑起的原因竟然只是因為孩子們有點吵。

因為感到無助、無力與恐慌，他有了攻擊的欲望。因為感到軟弱，他想要再次變得強壯。某部分的他不想感到無助或失去控制，特別是在孩子的面前！

當你感到無力且無法控制情況時，抨擊和示威給了你慰藉，即使只是暫時的。讓你從對自己無能感覺中轉移的最好辦法，就是攻擊另一個人。通常當我們最無助的時候（但自己不知道或不願對自己和別人承認時），我們變得最不理性、最暴力，然後有時以傷害我們所愛的人作結。與其讓自己受傷，我們傷害其他人，責怪他們，說這是他們應得的，說是他們害我們生氣，讓我們爆發。（然後，我們會用非二元性的概念，告訴他們我們沒有選擇！）

這男人和大部分的人一樣，在生命中的某個時刻，學到無助和無力是不好的、無法掌控情況是不好的、軟弱是不好的。無助使人聯想到缺乏安全感、危險、不被愛、不被接受，最終使人想到死亡。很多人會不計代價只為了避開無助感，而我們大部分的苦難來自於不被接納的無助感、無力感、軟弱、不安全感，及對此刻的不確定感。

我們大概可以把所有的苦難簡化如下：

我想要掌控現在，但我做不到！

這人可能並沒有在尋求開悟、名氣或榮耀，但同時，他卻是個無可救藥的尋求者。他拼命的想控制並逃離面對生命的無力感，於是，他成為對權力、控制，甚至是愛的追求者。他尋求逃避自己當下的感受，而對孩子發脾氣則提供了他一時的逃避和釋放。

表面上，他看來像個在頑皮小孩面前無法控制情緒的父親，但當你去細看這人經歷的感受，你看到的是一個感到挫折、愚蠢與失敗的父親和男人，在覺得無助軟弱之時，急切尋求逃脫困境的方法。然後你看到他無法對自己或孩子承認這件事。在盛怒之下，我們總會發現不被接納的痛苦與無力感。

直到這男人能看見自己真正想追求的東西之前，他覺得苦難只是碰巧發生在他身上，而他只是個無助的受害者，或是基因的設定讓他易怒，亦或他對孩子的反應模式是命中註定的，因此沒有任何改變的希望。但當我們用一些方法去揭露他真正要追求的東西時，他為何受苦和這些苦痛是如何被創造出來的，都變得顯而易見。他只是想要擺脫當下的感覺，不讓自己感到無助，即使一分鐘也不能。他不能接納當下感到的無助。

當他能看到自己想擺脫的無助，他自然會知道他根本不需要逃脫；因為無助感是可以被接受的，不需要任何附帶條件。（我晚點會解釋為什麼連最負面的感覺都能被接納，又要如何接納）。他過去從來沒有讓自己真正感覺無助，一時半刻都沒有（但其實你只需要面對一下子而已），他以為那樣是不好的。當知道無助在這時是可以存在的，甚至在無助中還有些奇怪的喜悅和平靜，他不再焦急的想逃跑。

接納無助感的存在，意味著他不再是生命的受害者。無助已不能掌控他，因為它已不被允許隨意出現或消失。他發現，當容許自己感到軟弱無助，徹底的孤立無援時，他反而沒那麼無助，而且比以前更能控制情況。力量不是軟弱的反面，真正的力量在於擁抱軟弱。（我們稍後會看到，為什麼我們當下的經驗沒有對立面）。

當你認知到你追求的和你在逃避的都是可以被接受時，這樣的認知本身就能幫助你停止追求。覺知就是終點，沒有下一步，也沒有該學習的「接下來怎麼做」。

之後我會花更多時間說明為何我們的各種經驗早已被接納，但現在，我們只要注意受苦的當下。當你把焦點從故事情境移開，從外在環境移開，只專注在當下的想法、情緒與感覺時，你一定會看到你在追尋什麼，即使那追尋令人難以察覺。你也一定會發現你不允許自己有某些感覺，而那些無害的感覺卻使你恐懼和抗拒。事實上，不論現在看來有多糟，帶你進入接納此刻的邀請，卻一直都存在著。

1-3 無盡的接納

「世上最弔詭的事莫過於，我們不斷追尋真實，卻不知自己早已身在其中。」

——拉瑪那・馬哈希

當你把注意力拉回到現在的感受、正在發生的事、你所在的當下，你發現了什麼？事情是固定不變、靜止的嗎？自我是一個獨立存在的個體嗎？「我」這個概念是完整的嗎？還是你發現每件事都在改變和移動，跳著從不重複的舞步呢？

想法如花開花謝，由不得人。印象、回憶、念頭有時跳進意識中，流連片刻後又消失。傷心、無聊、挫折、憤怒、恐懼等情緒來來去去，感覺遍布全身。聲音從各處傳來，馬路上的車聲、電視的吵雜聲、關門的啪搭聲、自己的呼吸聲、小鳥的啁啾聲。啾啾！

一天之中，各種想法、情緒、感覺和聲音在你意識之海中起起落落，我們可以稱它們為經驗的浪潮。一個想法是一道浪，一個聲音是一道浪，一個感覺也是一道浪。這些浪在廣闊的覺知之海中載浮載沉，而這海洋正是你本質。

你能覺察到你的生活經驗永遠都只是在你這片廣大海洋中，每一個當下時刻的波動嗎？（而海洋這個詞，你可以用意識、覺知、存在，或其他任何你覺得合適的字眼來替換。我會不斷交替使用這些詞，但你的本質並不會受這些名稱所影響。）

你就是這片海，容納這些浪在你之中起落和消長。想法、知覺、聲音、感受來了又走。你不是你的想法、不是你的感覺、不是你對自我的認知或評價、不是你的成功或失敗，更不是任何稍縱即逝的知覺和聲音。然而，你卻是一個能容納這一切的空間，廣大無垠又與它們不可分割。你不是你的想法，但同時你又能容許腦中所有想法的出現和消失。你不是聲音，但你又能包容耳朵聽到的所有聲音。

如果你覺得我現在說的有點令你困惑和模擬兩可，不要擔心，書後章節我們會再遇到親密性、不可分割性，以及你和生命本身的非二元性，而我會從許多不同的角度，用各種不同的方法解釋。

現在，從你身為海洋的視角來看，雖然每道浪的外觀都不盡相同，它們本質上都是一樣的。它們都是水。順著這個隱喻，你可以說海洋知道每道浪都只是它的一部分。所有出現在你心裡的想法、感覺、知覺，都只是海洋的舞蹈。從波濤洶湧的大浪到平靜溫柔的浪花，都一樣只是水。因此，在心靈深處，海洋不覺得浪是問題，因為它知道沒有任何浪可以威脅到它的存在。於是，一旦認知到浪與海洋其實是一體的時候，就會開始接納每一道浪，並擁有超乎理解的平靜。

生命中的浪無法傷害你這片海洋，也無法摧毀你。它們無法減損你的價值，亦無法幫你加分。它們都不是外來的。

所以不管海洋以想法波、痛苦波、恐懼波、悲傷波、興奮波、喜悅波，或任何其它的波形出現，海洋知道這些外顯的形體都是可被接納的。你就是它們的家，能廣大的包容一切。

數個世紀以來，所有正統的靈性大師不斷提醒我們，我們不是一個與萬物分離的人，不是一個獨立的自我，而是一個開闊的空間，裡頭容得下各種經驗的發生與消失。其實，你就是你在追尋的東西。你就是包含各種形體的意識，是囊括世間萬物的覺察。不管是什麼出現在你生命中，你都能維持在暴風雨中的冷靜，因為即使是猛烈的巨浪，都無法破壞深沉而廣闊的海洋。巨浪升起又落下，碎成無數的浪花，但在海洋深處，那裡仍是一片寂靜——了解一切的寧靜。

你就像印上黑字的白紙，隱身在書裡每個字的背後，一直在那兒，待在背景中，讓字能被看見，但卻很少被注意，更少被欣賞。

我想這是所有宗教和靈性教導指向的終點：有某個東西（不管你要怎麼叫它都好，因為它無可名狀）在這裡，就在你當下的感受中，即使是在極度的悲傷、痛苦、恐懼中，它不來也不去，也不會毀壞、腐朽或粉碎。你可以想成那是一個所有事物都可以被接受的地方，即使是表面上看來很糟。此外，那裡超越二元性對立思考，也超越生死輪迴。既無新生，亦無死亡，那正是分離的自我一直遍尋不著的完整，那就是家。

我們忙於避開不舒適與痛苦，追尋未來的完整，卻失去了此刻的完整。急於回家以至於忘了早已在家的事實。忙於維持一個完美形象，試圖證明自己的價值，卻忘了我們只是一個開放的空間，所有的形象在這裡流動。忙著追尋的同時，我們錯過了這個能容納所有事物的空間，忘了這裡就是追尋的終點。

就像靈性大師一直告訴我們的，你就是你在尋求的。你也不可能在未來找到，只能在現在被覺察。

◆浪

從海的角度思考，沒有任何事不妥。痛苦、憤怒、恐懼、挫折來了又走，從來不是問題。但身為人類，當我們沒有認清自己的本質時，會將那一切都視為問題。我們會說：「那道浪不屬於海，它對海有威脅——它威脅到我，阻礙了海的完整，要是我能擺脫它，我就可以重新變得完整。」

所以我們在做的事是不讓波浪回歸海洋，不讓表現生命完美樣貌的浪潮，留在生命中。我們早已被制約成習慣去判斷波浪的好壞、美醜、安全、危險、正面、負面以至於忘了每道浪都擁有與生俱來的完整。

我們評斷浪。在最基本的程度上，我們評斷它好不好，能不能被允許，而這正是抗拒的起源。靈性大師提醒我們對此刻的抗拒是如何讓我們的心裡感到難受，現在我們則看到自己為何抗拒某些想法和感覺。我們抗拒，因為沒看出它們的完整性，也因為覺得它們對我們的存在是威脅。因為沒看出我們的本質和這些感受之間的不可分割與親密，我們便因恐懼而抗拒。於是，我們感到不好的事正在發生，只好逃離。

雖然有很多複雜的方法可行，但事實上我們在做的只是擺脫我們不喜歡的浪。我們想藉由管理波浪來控制海洋，所以出現的浪都只能是我們想讓它們出現的。所有人類所受的折磨都是在這同樣的主題上變化，如試著控制波浪，試著控制我們當下的感受，使它們符合我們的期待。如果你想受苦，就將當下的經驗和你覺得它應該是要怎麼樣才對拿來做比較吧！

最後，我從威脅到我完整性的感受中逃離，在內心和自己打架。自我分裂成兩個部分，正常的我，和內心有著「壞、危險、黑暗、邪惡浪潮」的我。某些波浪在我眼裡成為威脅。於是我向外求助：要根煙、來場豔遇、喝杯酒、嗑個藥，讓我不用感受，避開某些波浪，擺脫不完整，擺脫來自內心深處的空虛感和失落感。我上癮了（對愛人、對師父、對藥物），依附死板的價值信念，或透過工作把自己累得半死，藉此取代其他不想經歷的感受，麻木自己的痛苦。我們做很多複雜、危險甚至是暴力的事只為了逃避當下感到的痛苦，但說到底其實很簡單，我們在抗拒自己的本質。

有一段時間，錢、菸、性、靈修似乎可以帶給我解脫，外在的人事物帶走了悲傷、寂寞、害怕，給了我渴望的完整，我攀附著他們。很多靈性教導談到依附，我們現在知道人為何變得依附：當我們認為外在人事物能使我們完整時，我們便無法放手，失去這些人事物等於失去完整。緊抓住他們成了生死攸關之事。

接下來，我會談到我們如何在無意識之中賦予這些東西力量，並在這麼做的同時，如何喪失自己的力量，不再相信自己的感受與經驗。在這個意義上來說，每個人都有位導師，能力高於自己。導師以許多不同的形式存在，如靈性導師（似乎有開悟的能力）、愛人（似乎有愛的能力）、酒（似乎有讓你好過一點的神祕能力），這些人或物一度帶走了苦痛。那段時間，自我和追尋的重擔都消失了，痛苦、折磨、不舒服都得到短暫的解脫。當你和愛人或靈性導師在一起，當你在看最喜愛的球隊比賽，當你沉浸在做愛的歡愉、極限運動的刺激、深度的冥想時，每件事看起來都變好了。你一度從追求中放鬆，從身為分離浪潮的沉重中解脫。

但問題尚未解決。一旦你沒有了酒、靈性導師、愛人、活動，很糟的感覺又回來了，像復仇一般。一旦拿走令你沉迷、你幻想能使你完整的東西後，你又得追尋它們。往往要在失去後，你才會察覺到追尋它們的慾望一直在沸騰著。你只是不知道你利用「導師」來使你完整，這是隱藏在潛意識裡的追尋。

當你一切順遂，該有的都有了，日子過得很愜意之時，很容易相信自己沒有追尋的困擾。你說：「我不需要任何事來完整我，我是完整的！」然後當你失去所有的財產、健康、伴侶、靈性大師、功名、美貌、頓悟的回憶，或任何其他你認為使你完整的人事物時，接踵而來的不完整、寂寞、對生命的不滿，那些「有力量」的人事物該帶走的東西，重新浮上檯面。那些人事物其實並沒有你希望他們有的神奇力量，他們無法一勞永逸的消除你的追尋。

我們往往不知道自己在追求什麼，直到我們失去了什麼。失去是件可怕的事，但也可以是一個機會讓你看到，你根本不需要那些東西來使自己完整。

你覺得你需要什麼才能完整？你害怕失去什麼？失去什麼，會讓你覺得自己變得不完整？

真正的自由不用向外尋求，真正的自由是不依賴外在的事物來讓你感覺完整。菸、性、導師慈愛的眼神都不可能使你一輩子自由，只有當你把注意力轉一百八十度，回頭去看你急著想逃離的糟糕，你才有可能發現真正的自由與平靜就在你的感受中。

◆接納的真諦

讓我們一起深入接納這個概念，一個似乎被嚴重誤解的字。

現在，我們可以說，我們的本質如海洋，能接納每道浪，因為我們就是每道浪。沒有選擇的餘地，只能接受！海不能接受某些浪又拒絕其他浪；這無條件的接納，超越我們考量利害關係的想法。海對浪的接納，超越了接納與不接納這個概念上的對立。這裡的接納指的是海與浪的不可分割性，也因此沒有對立面。每道浪早已被海洋接納，而波浪早已被接納的特質也正是本書探討的核心。這便是對生命最深層、全然的接納，一個你做為個人無法達到的境界。

實際上，問題不在於如何達到全然的接納，而是在於如何在每個當下察覺它、看見它、注意到它。你不需要達到，它早已發生，剩下的只是不費力的察覺到它早已存在於生命中的每個時刻。每個想法、感覺、聲音、味道以至於每道浪，早已被允許出現在這裡。當某道浪出現，它已經被你的本質接納。浪的到來就是接納，水閘永遠敞開，在此刻被允許流入，如同現在一樣。我們只能經歷早已被允許的感受。

你的本質早就接受當下的原貌。你的本質早已同意發生的事，否則就不會發生那些事了。你的本質不會拒絕任何出現的事物，因為它就是出現的每個事物。對你的本質而言，每件事都是不可抗拒的。

所以當我說到接納，我不是在談它被制約過的意義，我創新它的用法，拿它來指涉對生命最深層的接納，也就是一直都存在的接受和允許。所以當我建議你接納或允許本質時，這只是一個捷徑，指引你去觀照現在經歷的想法、知覺、感受、視覺、聲音、味道早已被容許發生，因為它們就在你面前！

只要能察覺發生的想法與感覺早已被允許存在，我們就能輕柔、不費力的去接納這一切。它們一直都在。接納不是一個需要時間才能完成的成就，而是永不止息的面對當下的現實。

你不是去接納，因為你就是接納本身。你不是真的是另一個分離的人，而是對此刻不需費力的肯定。

這個定義開啟了許多靈性教導。從此，接納不再是一個未來要達到的狀態，不再是要追尋、等待、希冀、懇求而來的東西。接納不是個人的成就，也毋須透過多年的努力而得到；它更不是一天之內就能發生的神奇事件、意識昇華或能量轉換。它不是一個任務、不是靈修作業，只是處在當下去重新發現你現在的感受，無論正在發生的是什麼。接納不是一個未來的目標，它是你永遠必須面對的當下。如果它是慈悲，也會是永恆常在、對萬事萬物的慈悲。

這定義完全顛覆我們對接納與拒絕的理解。接納不再是我個人的事，我不用再試著接納、試著繼續保持接納的態度、試著未來達到接納的狀態，更不用試著活出靈性大師所倡導的不可企及的理想狀態，因為那樣又是另一種追尋了。接納是認知到你自己就是那廣闊能容納一切的空間，就像海洋無條件接納它所有的浪一樣，也包含不被接受的浪。

還記得多年前，當我認為自己是靈性的追尋者時，我渴求開悟所帶來的解脫和逃避，於是相信「實踐全然的接納」，也就是一年三百六十五天、一天二十四小時的接納，是達到開悟的關鍵。我想，如果我能接受隨之而來的每件事，我就能自由。那是很美的想法，但不論我多努力的去接受每件事、與它們同在、無條件允許它們的發生、不加選擇的去覺察每個想法，總還是有我不能接受的事。極度的痛楚、強暴、折磨、種族屠殺，我怎麼能接受這些事？當我感到痛楚發生，我會盡我所能的接納，但整個過程卻只讓我精疲力盡，然後我又因為無法達到自己的期望而懲罰了自己。

我現在明白當時我嘗試接納的背後有個時程表（也就是追尋）。我偷偷相信著只要我接納痛苦，它就會消失。我把對痛苦的抗拒偽裝成接納！對追尋者來說，這是再巧妙不過的藏身之處了，因為它看來符合美妙的靈性鍛鍊。伴隨著任何希冀、動機或期望的接納都不是真正的接納，只是化了妝的反抗。

那時我還不了解接納這種無條件且無所不包的特質。我太忙於去試著接納，以至於錯過了生命的接納本質，它連我嘗試後的失敗都一起接納了。是的，這種接納就是這麼極端，即使你對痛苦的不接納都可以被允許。正因所有的浪都可以被海洋接納，所以即使現在發生的是對痛苦的反抗，它也能接納。痛苦能被接納，你對它的不喜歡，和想逃避的心情，也都能被接納。就連追尋者尚未體悟自己生命是無條件、全然接納的本質，這些都是可被接納的。

很明顯，這裡有個矛盾。當我對痛苦的抗拒被生命全然的接納後，再也沒有不接納的存在。不接納變形了。邏輯上、哲學上、理性上來說，這都是不合理的，但它還是發生了。我不希望你相信我，我希望你自己找到答案，這本書裡談的每件事都必須靠你自己發覺。

本書是關於當事情表面上不順利時，我們如何覺察這些冥冥中都是已被允許的；即使表面看似不完整，你還是能進一步看到事情的完整。我談的是最根本的放鬆、平靜與休息。不是指你這個人要放鬆、平靜或休息，而是要你明白每件事，包括痛苦的感覺，都早已被你的本質接納後的深度放鬆。當明白所有的抗拒都已被接納時，你便獲得了能打破苦難最堅硬核心的力量。你可以說或許所有的苦難都源自於我們對全然接納的盲目。

從這個新的觀點看來，所有的苦難都是在邀請你回來接納現在。苦難、壓力或心理問題都不再是需要被超越或摧毀的邪惡，而是讓你看到自己內心仍在交戰或尋求的一個機會。在苦難中，你永遠都看得到這種爭戰，也永遠都找得到對接納的盲目。所以，心裡的爭戰在邀請你回到全然的接納，而苦難雖使你痛苦，卻也指引你回家的路。

鄉愁（nostalgia）在英文裡是非常優美的語詞，字面上的意思是「回家的痛苦」，但也有「在痛苦中找到家」的意思，因為即使你身處在各種你寧願逃避的經驗中，家還是一直都在，就像海洋一直都以每道波浪的形式存在著。

我們試著為自己培養愛、和平、接納、不依賴的特質，用力的去愛、去接納、去放下、去學習不評斷、不去做認同，甚至嘗試停止一切的追尋。但發現我們的本質之後，我們明瞭這些特質不是努力而來，而是在我們把自己視為一個分離的個體之前就早已存在了。我們本來就懂得愛人、懂得接納、懂得放鬆，一直擁有平靜、不過度依賴，也沒有在追尋什麼。不評斷、不選擇，也沒有任何認同。我們是海，在狂風暴雨中依然平靜，不帶評價、抗拒與依附的包容每一道浪。一生追尋的終點始終不在未來，而是在於我們的本質。

從這樣全然接納、永恆常在圓滿的觀點來看，生命看起來像什麼？當你認知到自己不是分離的個體，不是孤獨不完整且不斷尋求的浪，而是海洋本身，不論發生什麼事都自我圓滿、已然是家時，生命看起來像什麼？當你知道自己是個開放能接納一切的空間，所有的感覺和經驗都能來去自如時，生命看起來像什麼？

而當你認知到自己是片巨大的海洋時，你和波浪的關係又是什麼？它們是獨立於你之外的存在，還是你已能與它們親密的和平共處？

1-4

探索對此刻的覺知

「最有效的學習……是忘掉不真實的事。」是該挑戰我們對真實最基本假設的時候了。

——安提西尼

選一個時間，回到那個當下，回到你所處的環境。看一看、聽一聽，重新感受你的經驗。再做一次，就像你是個第一次看見世界的孩子一樣，因為你的確是第一次看到它。在那個時候，生命是全新的體驗。你從未經歷此刻，也將不會再經歷。你現在聽到的聲音以前從未聽過，你現在的感覺以前從未感受過。即使你認為你有過，那也只是回憶、一個關於過去的想法，在現在這個全新的時刻出現在你腦海中。

當你回到正在發生的當下，你看到的只是生命自然而然、絕不矯揉造作的演出。生命是一連串思考、聲音、感覺、味道來去自如的跳動，而你是它們的舞台。注意你是多麼輕鬆的就能看見、聽見與感覺。聽，不需要做任何事，聲音自己就會出現。呼吸聲、車子的喇叭聲、電視聲、鳥叫聲，所有這些聲音一出現，你自然就聽見了。如果你願意，閉上眼睛感受聽覺的毫不費力，不用提醒自己聽，不用命令你的耳朵「去聽」。聽覺就這麼發生，如此自然不費勁，你可以說聽覺的發生根本不需要你的參與。

然後一個念頭出現：「我在聽。」那是什麼意思呢？意思是：「我是個聽見這些聲音的獨立個體。這裡有我和聲音，我是主體，聲音是客體。有一個覺察的人，不同於被覺察到的東西。聲音在那裡，而我在這裡。」

思想對真實做了很多假設，而我們很少停下來檢視這些假設，看看透過簡單的測試後，它們是否仍站得住腳。

「我聽到聲音。」這一句話真的是對的嗎？

我們正對如何感知世界的基本假設提出疑問，而這些假設可能從我們很小時就建立了。但耶穌說，進入天堂的國度前我們必須變得像小孩一樣（這裡指的是當下的王國），所以，讓我們繼續探索下去吧。

「我聽到聲音。」真的有聲音和聽到聲音的你，兩個不同的東西嗎？這種分別真的存在嗎？事實上，在直接、未過濾的經驗中，有任何證據指出有一個獨立的人聽到聲音嗎？真的有一個我聽到聲音嗎？還是，聽覺就這麼自然的發生了呢？

自我檢視一下。在你的經驗中，就拿現在來說好了，你能找出兩個東西，分別是聽見聲音的人和聲音本身嗎？還是只有一樣，也就是不費力的聽覺呢？在時空中或在你的經驗中，你能找到任何一條分界線來畫分聽到聲音的聽覺和聲音本身嗎？你能發現聽到這邊聲音的聽覺，和聽到那邊聲音的聽覺有何不同嗎？又或者，你的經驗裡，從來不會去分是這裡聽到或是那裡聽到的呢？

我大半輩子都認為有一個獨立的自我在這裡、在此刻，去聽、去看、去思考。然而，經過小小的測試後，這未經證實的理論便崩塌了。沒有人在過生活，沒有人是中心，只有生命不斷的出現，各種不同的經驗波浪升起又落下。

再說一次，我不希望你相信我，而是希望你回到自身的經驗。你能找到誰在聽、誰在看，誰在想嗎？或者事實簡單些，聲音出現了，視覺出現了，念頭升起了，然後有另一個「我在思考」的想法也出現了。

自我檢視一下，哪一個比較真實？「聲音出現」還是「我聽到聲音」？哪個句子經得起驗證？好好想想。

沒錯，「我聽見聲音」或「我想出點子」的想法仍能被容許，因為那只是海洋中的另一道浪而已。雖然最終這些想法不是對的，但用這種方式說話卻有助於人類的溝通。在我們所處的世界裡，若病人告訴耳科醫生「聲音自己出現，但我找不到有誰聽到」並不是好方法，因為有可能因此會被送去精神病院！

所以「我聽到」這說法是被接受的。但存在的神祕之處在於，如果沒有了「我聽到」這個想法，聽覺是否仍在作用？「我聽到」這個想法是否聽不到任何聲音？如果沒有了「我看見」這個想法，影像仍會出現，對嗎？如果沒有了「我想」這個想法，想法仍舊浮現，對嗎？事實總是先於想法，想法總是居於其後，急迫試圖趕上無限，不一致卻又完整的真實，並且把它編織成一個總是有限，有分別，二元且不完整的故事。思想把不費力的聽覺說成「我聽。」把不費力的視覺說成「我看。」把自然的生命躍動說成「這是我的生活！」就好像思想正在試圖宣稱自己是生命的主人。思想說：「那是我做的！是我讓這一切發生！」思想總是想搶功勞，總是想掌控一切，它想當神。

小孩仍保有對經驗的神祕感，有位母親告訴我，她年幼的女兒有天拿著畫了幾個小時的圖畫跑到她面前，用充滿驚嘆的口吻說：「媽咪，你看我的手做了什麼事！」小女孩並不是說：「看我做了什麼？我是不是個很棒的藝術家？」而是說：「看看我的手它們做了什麼事，是不是很不可思議！」小女孩尚未迷失在思考所建構出來的角色中，她還沒把自己定位成藝術家。生命自行演變的能力令人驚奇，小女孩無中生有的創造力其實並不是她的，而是屬於宇宙的，不僅限於在某個「藝術家」身上。所有誠實的藝術家都會承認這件事。

事實是，我們並非將生命付諸實行的主動者。生命有它自己的路線，只是後來思想搶了它的功勞，並聲稱「那是我做的！我讓那件事發生！我能掌控生命！」直到死前我們都對這故事深信不疑。

所以當我們說：「我看到一棵樹。」這陳述顯現出另一個問題：「看到樹的是誰？」有兩個東西，我和生命嗎？樹和看到它的人嗎？還是只有一個沒有邊界，無法形容，與真實一致，且我絕不可能與之分離的生命呢？回溯當時的感覺，我只能感到「毫不費力的看見」，無法分辨觀者與被觀看的物品。生命是沒有界線的，看見也不分裡外。只有看見，只有形狀、顏色、質地出現在我全然開放的覺知裡。我找不到分離我和其他事物的那條線，也遍尋不著同時為我的終點與生命起點的地方。也許那條線根本就從未存在過。

只有當思想說了「我。我看見。我看見一棵樹……。」以後，才有我和樹，這兩個概念的出現。現在不知為何，我覺得我和樹是分離的，感覺樹是在我以外的世界。某個程度上，我感到有限和想家，我覺得和樹分離，於是渴望重回合一的感覺。我覺得和天空分離所以渴望合一，覺得和身體分離所以渴望合一，感到和你分離所以渴望合一。但在思想之前，在分別裡外的夢境之前，真的有東西能使我們分離嗎？難道不是只有親密嗎？當合一一直都存在的時候，還有重聚的需要嗎？

在思想來到之前，誰與生命是分離的？誰不完整？誰渴望合一？

耶穌曾說：「為拯救你的生命，你必須先失去它。」那句話就像終極的矛盾一樣，不斷使我困惑，直到我明瞭或許耶穌指的是將我的本質和生命本身完全融合為一。沒錯，當我想找到一個牢靠的實體「我」時，我只找到波浪的律動，而我就在其中；當自我不存在的時候，我反而看到整個世界就在眼前。世界與我無所謂分別，這便是愛的真諦。我放下對「我的生命」的執著，然後發現我和生命其實密不可分。我不是沒有實體，不是從生命中抽離，漂浮在其中或其後的覺知、意識或靈魂，我就是生命本身。

此刻被視覺、聽覺、味覺等各種知覺填滿，根本容不下另一個分離的自我。生命把自我擠了出來！

靈性大師尼莎格達・馬哈拉傑（Nisargatta Maharaj）曾說過一句妙語：「智慧說我

什麼都不是，愛說我是全世界。而我的生命，就在這兩者之間不停流動。」在廣大的存在之海中，你絕非一個事物，也不是一個我或一個你，而是所有事情在其中發生的開放空間，認知這件事帶來了清明和智慧。但若沒有了愛，清明和智慧也不復存在。愛來自哪裡？它來自於認知到自己身為這片海，你無條件接納各種感覺的浪潮。你的空無同時包含了每件事，你對每件事懷抱愛意。缺少了愛在其中的智慧是不完整的。

我發現許多靈性追尋者對覺醒只有智識上的理解，他們卡在對「空無」概念的領悟中，於是無法完全自由和放鬆。苦難的結束來自於與生命合一，也就是接納發生的「每件事」。在最全然的接納中，心智和心靈合一。空無（nothing）就是全部（everything），它們從不是對立的兩件事。清明的確信使我們能敞開心胸接納此刻的一切，於是，內心不再交戰。

然後，我們學習經歷和各種想法感覺的親密，了解它們不是來自外在的東西，也和我們沒有分別，它們就是我們。

這正是我們用盡各種方式在尋找的親密，也是不可分割的完美展現，就像絕對和相對、陰與陽、男性和女性、空無與全部、清明與愛、人性和神性之間的關係一樣。而這份親密此刻正發生著，就像看到樹，聽到鳥叫聲，感受到痛苦一樣簡單。但我們還是不斷「向外」尋找，向世界，向他人，向遠方，向其他領域，向超越的事物。可是，如果仔細聆聽，我們會發現生命總是呼喚我們回到此刻，回到我們已經存在的當下，回到真正的家、真正的超脫。

◆「都在你的心智或腦中」

靈性教導中有一個普遍的觀念，這觀念同時被某些科學家和哲學家支持著，聲稱這世界只存在於我們的心智或腦中，聲稱這世界只是我們的想像，或者更糟，只是錯誤的感知。但這是你對生命的直接經驗嗎？你在心智中經歷整個世界嗎？請問包含整個世界的心智究竟在哪裡？又是誰的心智？是我的嗎？請問該如何直接經驗「我的心智」？

當我仔細觀照現在，我還是發現想法、氣味、聲音、感覺在廣闊的空間（我的本質）中出現，但是並沒有它們出現在心智中的任何證據。我找不到任何證據證明有一個叫做心智的實體產生我所想、所見、所聽、所聞、所感，也找不到任何證明這些浪潮是來自心智或任何其他東西或地方的證據。我就是找不到心智，除了現在升起的想法之外再無其他。思想說：「有一個獨立的心智。」但那只是一個出現的想法。小時候，我學到我「有」一個心智，但真是如此嗎？

當我靜心去看，我能找到的只有此刻的經驗。我找不到過去和未來，只找到現在。即使我看到，它們現在也只是以回憶和念頭的方式出現。一切都關乎於現在。

於是我發現經驗不在我之內，也不在我之外，我找不到內外的分別，只有完全的合一。經驗不被包含在任何事物當中，但也沒有它外於任何事物的證據。

所以我找不到任何證據證明，我坐在房間裡這件事只「存在於我的腦（心智）中」。我對這間房間的感覺，就是房間，如同被感知到的，它「就是」房間，而非「我認為它是一間房間」的分離想法存在。經驗不存在於任何特定位置，不在頭腦裡，而是在各處，就像海洋對波浪的常在。經驗是我正在喝的熱茶、天空和星辰、往郵局的路上時腳下被踩得嘎吱作響的樹葉。世界不「在外面」，也不「在我腦裡」，它就是我，隨著我到任何地方，我永遠擺脫不了。我沒有進入或離開世界，世界一直都在。不是我在世界中移動，是它隨著我移動，我和世界並不是分離的。（噢，誰能不愛文字呢！）

同樣的，我對太陽的經驗並不在我的頭腦或心智裡，我對太陽的感覺經驗並不是由內在而來，也沒有儲存在我心裡的某個地方。太陽就在這裡，我不能說它在我腦裡，也不能說它在我身外。

傳統的說法告訴我們太陽是距離我們數百萬哩之外，一個仍在燃燒的巨大火球。相對來說，這是真的，不需要否定它。但同樣真實，卻更像奇蹟一般的是，太陽一直在我們的經驗中常在，和我如此合一與親密。它是我臉上感到的溫暖、皮膚上的熱度、眼裡的光芒；它是從我有記憶以來，就一直陪伴在身邊、熟悉而親切的老友。太陽離我一點都不遠，它就在這裡。

雖然從某個角度看，一道浪看來可能離另一道浪很遠，但從海洋的觀點來看，因為每道浪都源於它本身，有沒有距離的概念就變得無關緊要。海洋沒有固定的位置，也就是說，它無所不在。或換句話說，它也永恆常在。

海裡的每一道浪也都是我的本質，即使它們看來多遙不可及。

◆建構世界的故事

你經歷了世界上的一些事：一輛車、一棵樹、疼痛、挫折、一個起司三明治、太陽、一根湯匙，但某個程度上，其實是你告訴自己經歷的是什麼。經歷任何事之前，你必須先對那件事備有一個故事，否則，你將無法知道自己經歷了什麼。沒有了故事，你無法得知你看到的是什麼。思想為每件事貼上標籤。若不是思想告訴你那是太陽，你怎麼知道你正在看的是太陽？如果你心中沒有「這是一個起司三明治」的敘述，你怎麼知道你在吃的是起司三明治？要是沒有念頭、概念、看法和回憶告訴你那是一隻鳥，你怎麼知道是鳥？要是沒有先查閱思想提供給你的菜單，你怎麼知道生命餐廳裡可以點的菜餚名稱是什麼？

如今，有些人過度解讀這個訊息，聲稱若是沒有思想，就什麼都沒有了。這是個誤解，因為「沒有（nothing）」只是另一個想法，是某事、某物的反面。但現實更甚於此。若思想不能告訴你關於你正在經歷什麼的故事，你無法得知你在經歷什麼，並且是全然的無知。你像是身處在伊甸園，第一次遇見世界，所有事物都尚未被命名，這超越我們對某個和沒有的所有看法。

為了經歷任何事，或者說，為了知道你在經歷的是什麼，某個程度上你必須告訴自己你在經歷什麼。例如，為了擁有對一張椅子的經驗，你必須告訴自己那是張椅子。你必須要有一個關於椅子的故事，否則你不會知道它是什麼。當關於「椅子」的想法浮現時，我就知道自己在經歷一張椅子給我的感覺。我學過關於椅子的一些事，我曾坐在很多張椅子上，或許我還讀過椅子的歷史，我知道什麼是椅子，所以知道自己正在經歷椅子。沒有想法的話，我還能知道自己在經歷什麼嗎？沒有想法的話，還會有一個可被感知的世界嗎？

看看還沒學到事物名稱和價值的嬰兒他們如何探索環境。便宜和昂貴，有用和無用，神聖和世俗對他們來說都沒有意義。給他們一片無用的塑膠，他們就被迷住了；給他們一個價值連城的鑽石戒指，他們也被迷住。當他們不再著迷時，他們移情到下一個事物。對於世界，他們尚未建構一個固定不變的故事。他們還在第一次遇見每件事、拼命探索的階段，又聞、又摸、又嚐，驚奇於每件事。不誇張的說，他們活在奇蹟裡。

在我們為世界命名前，世界是一片神祕。

在孩子生命的某個時刻，我們告訴他們：「那是張椅子。」然後孩子知道那是什麼了，是一個稱做「椅子」的「物體」，和他們本身分離。於是他們不用再探索、不用再摸遍每個角落、不用再仔細查看。他們不再被迷住，和椅子也不再親密了。現在椅子已不是等待被探索的神祕，只是有用的資訊，一個「事實」。往後，他們看到椅子的時候，只會告訴自己他們知道那是什麼。但他們真的知道嗎？言語所及之處以外就沒有神祕了嗎？奇蹟和未知不復存在了嗎？

為了經驗你的爸爸、媽媽、兄弟姊妹，你必須告訴自己（或提醒自己）他們是誰。沒有了故事，你沒辦法知道他們是誰，對吧？沒有了故事，你就像第一次遇見他們；沒有了故事，有的只是全然的親密。超越了故事後便是愛，因為愛是不分你我，沒有二元對立。

然而，我們忘了我們所經歷的都是自己為世界建構的故事，如我們的想法、標籤、解讀、回憶、偏見、恐懼、制約、夢境等。然後我們開始相信真的有一個與我們分別的外在世界、外在的人事物，我們客觀的經歷這世界並據此回應它。我們忘了我們經歷的其實只是自己夢境的投射，而活得好像是和「外在」世界分離的奴隸與受害者。我們陷入分離而分裂的世界，我在這裡，其他東西在那裡，彼此之間永遠有段距離，忘了生命的核心就是全然的親密。這遺忘是所有寂寞、孤立和沮喪的源頭。

然後我們開始談論「我的心智或腦」，彷彿它是一個真實存在的物質、主體，忘了我們的本質其實是能容納所有形體的開闊空間。我們認為自己分別擁有心智和身體，並身為與世界有別的人類。分裂與隔離應運而生。於是，在分裂不全的狀態下，我們轉而尋求宗教和靈修來解救我們，這全都只因為我們沒有好好花時間去觀照我們的經驗，看到最貼近的現實。

想想如果我們教導孩子如何去看、認真的觀照當下並發現其中的親密，他們會有多自由。那將撼動整個社會的基礎。或許那正是我們不那麼做的原因吧！

◆我的故事

不僅你的經驗沒有裡外之分，你也從未直接經驗自己為一個個人。（試著把這段話說給精神科醫師聽吧！）你有的只是想法、聲音、感覺等出現在你的本質中。然後思想說：「這些是我的想法、我的感覺、我的情緒。命運發生在我身上。」那正是個人故事的起源：認同各種形式的覺知、認同想法、感覺和你這片海洋中任何出現又消失的波浪。

找出一張你小時候的照片。照片中的人是誰？你可能會回答：「那是我。」但這答案引出下一個問題，你自以為的這個「我」是什麼？照片中的我和現在的我，是同一個我嗎？

現在的想法、感覺、信念、點子絕對和多年前的不同。你對自己人生的解讀或許在你認知到前就已經改變了。以前你想當個消防員或芭蕾舞者，以前你害怕藏在衣櫥裡的怪物，以前你相信在鄰居家後花園的地底下，住著一隻粉紅色的小恐龍。

這些年來你生命中的優先順序變了。你不再擔憂衣櫥裡的怪獸，而是擔心賺的錢夠不夠送孩子去讀書。你擔心你的退休金、擔心股市、擔心戰爭、擔心最新一波的恐怖攻擊、擔心這輩子都無法開悟。你真的能說你和過去是同一個「我」嗎？你的外貌和以前大不相同；實際上，你身體裡也沒有任何一個細胞和以前的你一樣。你的臉、聲音、頭髮等，每個部分都變了。

但不知為何你覺得你還是同個你，無法解釋。其實不變的是某種活在當下的感覺，「我是……」的感覺恆常不變。海一直都在，改變的只是浪潮。數不清的想法來了又走，各種感覺出現又消失，但本質不變。然而，我們說不清楚本質究竟是什麼，有時感覺親密，全然的與經驗和生命合一，有時卻又像是超越你不可知的範圍。

花個時間好好體會你覺得自己像什麼。用「你」，我指的不是你不斷流動的自我意識和評價，也不是一天數變的感覺和情緒；不是你過去的形象和照片，也不是你對不確定未來的擔憂，而是先於這一切的感覺。我指的是做自己的感覺，聚焦在此時此地，是你小時候就感受過的感覺。不論你成就多大，不論你失去多少，不論你有多深刻的洞見，不管你見過多少世面，這分微妙卻又十分真實的存在感從未消失。我不是把「你」

當成一個特別的狀態或經驗，不是在說一個更高的自我、覺醒的自我，或特別面貌的自我，而是在指一種非常簡單而尋常的感覺，在當下做自己。甚至，你不需要了解我在說什麼，也能知道做回自己的最基本感覺。不管你覺得了不了解，或甚至你現在感到困惑和挫折，試著去覺知在這個掙扎後面，仍有做自己的感覺。我在講的東西真的非常、非常簡單，簡單到心智無法理解。你已經知道自己的本質，不論發生什麼，你都早已是完整的。如此簡單的認知正是整本書的核心。

最近我遇到很多我年輕時就認識的人，總有種奇怪的感覺。我覺得自己這些年來改變了很多，多到我幾乎看不到自己現在有過去的影子。但那個過去的我始終活在其他人心中，我遇到我青春期後就未曾再相見的老同學和親戚，發現他們仍然帶著對傑夫・佛斯特老故事的記憶時，真的讓我驚奇不已。他們每個人心中都存有一套對傑夫・佛斯特的故事。即使你變到沒有人認得出來，甚至當你死後，人們依然帶著他們自己那一套關於你的故事，來自於改編的回憶。我們都住在我們為彼此建構的故事中，但我們真的遇見真實的彼此了嗎？

我走進房間，你將你所建構、關於我的故事投射到我身上。但就算你知道我生命的故事、細節、歷史，你真的知道我是誰嗎？你知道關於我的事，但你真的認識我嗎？如果你要我跟你談談我自己，我會用一個關於我做什麼工作、我的感情狀況、我人生的成功與失敗、我喜歡什麼和不喜歡什麼等等的故事來回答你，但那真的告訴了你我是誰嗎？難道我不是只是給了你一個關於我是誰的故事，就像電影主角的人生故事一樣嗎？告訴你我過去做了什麼和未來希望做什麼，真的能告訴你此時在這裡的這個人的任何事嗎？過去和未來真的抓得住現在嗎？

要是不提及過去和未來，現在的你，是誰？

當我們在談論自己時，我們常常在談的是我們的故事。「我很好，我很壞；我很成功，我失敗；我很善良；我很強壯。我很黑、很白、很矮、很高、很帥、很美、很有錢、很窮。我是猶太人，我是基督徒，我是佛教徒；我是律師，我是老闆，我是醫生，我是政治家，我是藝術家。我很害羞，我很外向，我很有靈性；我很懂音樂，我很會運動；我有慧根，我沒有慧根。」諸如此類。

但身為開闊的空間，世間所有的故事都無法碰觸到我的本質，我就是我現在的樣子，別無其他。我不是我的過去或未來。我是廣大無垠的空間，不是一個人在時間流動中演化的故事，不是一個形象，也不是一個不完整的尋求者，在追尋著未來的完整。我就是現在發生的事。

我們要找到自己「真正的身分」，但不是在故事中找。我不是我的成就和失敗，不是我的社會地位，不是我的財富多寡，不是我順遂或破碎的感情，不是我的身體病痛或殘缺，不是我的童年、過去或未來，不是我的種族、膚色、宗教，不是我的信念，也不是我對開悟的追尋或尋得與否。

我真正的身分就是此時此地、現在發生的事，而不是有時間性的故事。我等同於現在。這正是認同的真諦。我等同於此刻的生命，如同海洋等同於其中的波浪。

在莎士比亞悲劇《李爾王》中，有一幕著名的場景描述過去曾經偉大的國王如今淪落在暴風雨中，全身赤裸的在荒原裡游蕩。狂風呼嘯而過，而暴雨猛烈落在他身上。大自然令人敬畏的力量使他震驚不已，他進而了解自己在生命面前是多麼微不足道。他被迫拉大格局：發現自己根本不是國王，只是一個虛弱、容易受傷、難逃一死的人類，再怎麼有能力控制也不可能控制宇宙。他只是在扮演國王這個角色，忘記了自己只是在進行一場演出。他活在錯誤的自我形象裡。「李爾王」只是他意識中一個暫時的形體而已，不是他真正的本質。脫下他為王的角色（他的服飾、城堡、權力），脫下所有的形象，被暴風雨猛擊，他現在是誰？不再有「李爾王」形象的李爾王，究竟是誰？

難怪這幕如此震撼人心，因為它觸及人性最深奧又最基本的一面。在我們的角色之下，如國王、皇后、母親、父親、兄弟姊妹、妻子、丈夫、遊民、醫生、律師、治療師、店主、舞者、藝術家、靈性追求者、靈性導師等，我們到底是誰？在生命的海洋中，身為一道道個別的浪，我們可以有不同的形狀、大小、顏色、信仰、背景、經驗、知識、技能，但我們難道不都是水嗎？我們的外觀或許不同，卻每個都是海洋的獨特表現，我們擁有一樣的本質。國王真的有比朝廷裡的弄臣更有力量嗎？

即便我們是國王或皇后、聖者或罪人，在所有的角色和自我形象之下，我們不就只是覺知的廣大空間嗎？我們不就只是現在嗎？

事實上，身為廣闊空間，我們真的很難去談論這件事。我們很難去談一個固定身分認同的故事，因為我注意到在這空間裡，每件事隨時都在變動。想法冒出又消失，感覺起起伏伏，各種感官如聽覺、嗅覺、味覺來來去去。在此刻，每件事都是活的，總是在變。在不停變化的風景中，我必須按下暫停鍵才能開始談我那一套固定的故事；我必須凍結生命之河，定住此刻，指向它然後說：「這感覺、這想法，就是我！」但生命之美就在於它無法被凍結或靜止，它永遠都在流動、躍動著。生命之河不可能為誰靜止。

所以時刻（moment）和流動（movement）這兩個語詞的英文字根是相同的（源於的拉丁字movere，意思是「移動」）。此刻和生命的流動是不可分離的。靜止離不開流動，海洋離不開它當中不停出現又消失的浪潮。

但願我們現在能清楚了解靈性教導中「無我」與「放下自我」真正的含義。靜心觀照現在，你會發現沒有一個獨立的自我在你開闊的本質中，有的只是生命的躍動、各種感覺浪潮的變化。最後連「沒有自我」都只是另一個想法、不停變換的視角，就像其他來去自如的浪潮一樣。即使「沒有自我」這想法都無法定義我是誰。

如果你無法清晰的看出「沒有自我」講的是什麼，這想法可能會誤導你。一不小心，你可能會開始相信「沒有自我」，這想法成為你的新信仰、你新的自我形象。自我開始相信自我並不存在。一道仍感覺自己是獨立的浪，仍在受苦與渴望休息的浪，告訴自己：「浪不存在。」追尋者真的很天真，對吧？

記得幾年前，當我還視自己為非常認真的靈性追求者時，有天我哥要我去洗碗，然後我非常嚴肅的回答他說：「這裡沒有人會洗碗。」我告訴他如果他相信碗必須被洗，那麼他仍陷在二元對立的錯覺中。那時我執迷於靈性概念，不二元成為我的新宗教，雖然我自認已經從各種宗教中解脫。我認為自己已找到存在的真理。我什麼都不是；我已放下了所有自我，但生活的世界裡仍充滿討厭的人，他們都看不見我的真我，更糟的是，要我幫他們洗碗！但現在回頭看，我只看到自己的傲慢，當然還有無知。我想，自己只是想藉由靈性概念來逃避洗碗這個基本責任。

另一件似乎也會使靈性追求者困惑的說法是「自我是幻覺」。我或許是個幻覺，但當我下車不小心撞到頭時，還真的很痛！或像尼爾・楊唱的：「雖然我的問題都毫無意義，但它們也不會因此消失。」

看看幻覺這個詞語的意思或許有幫助。它源自拉丁字illudere，意思是「嘲弄」，或依字面上的解釋「玩弄」之意（in指的是「在」，加上ludere，指的是「一場遊戲」或「騙人的景象」），所以它的意思不是指「不存在」。理解這件事便能消除我們許多困惑。自我和我的概念是幻覺，不是因為它不存在，而是因為它不是以我們想像的方式存在。我們想像生命中有個分離的個體，也就是我有個分離我，但在檢測之後，這假設就破滅了。我看破了幻覺：我的本質和生命本身合一，我的本質不是不存在的浪，而是不曾和海洋分離的浪。

生命和我的分離是個幻覺，但身為一個獨特、無可比擬且不會重來的海洋，我仍然是存在的。「我們是對方的一部分，但我們終究不同。」或許就像搖滾樂團U2中的主唱波諾在名曲《合一》中唱的意思一樣吧！若沒有各式各樣的景象，就沒有完整，因為完整是藉由生命中驚人的多元與複雜性來呈現的。

所以不是無我，而是當我用新的眼光來看現在，我找不到一個和生命本身有所分別的我，找不到時空中有固定不變的事物，也找不到任何能和此刻分開的事。我只找到各種經驗波浪流動的形式，只找到各種想法、回憶、形象、聲音、知覺、味道和感覺，包括我的故事在內，從我身上流過。「我」在我的本質裡流動著！

幻覺就是：這裡有個固定、分離的實體獨立存在。終於，我能說：「沒有所謂固定的自我。」或者我能說：「我就是每件事。」所有生命的浪潮就是我本身。當你真正看見，用什麼字詞形容都已不再重要。世上所有的文字都已融進空間裡，歸於寂靜。

◆感覺和本質之分

身為各種浪潮出現在其中的海洋，你不能被任何浪潮定義。憤怒、恐懼、悲傷、無聊、喜悅，這些浪潮出現後又消失，你和它們十分親密，但它們無法定義你是誰。最快樂、最悲傷、最痛苦、最緊張的感覺和種種想法，不管多奇怪、多令人討厭或多「不正常」，都能在你本質中自由的來去。而你的本質仍不受影響，就像不管你投影什麼在電影螢幕上，螢幕本身仍是一片空白無瑕。

你有能力思考和感覺所有事，但不能被任何想法和感覺定義。你就像個篩子，能過濾所有人類能感知的經驗。你是不會被任何情節束縛住的電影螢幕。

怒氣來了又走，但沒有永遠生氣的人。人會害怕，但沒有永遠害怕的人。人會傷心，但找不到永遠悲傷的人。你不會被限制框住，你有無限的能力去感知生命。

要了解有能力感知每道浪是什麼意思，必須要先了解感覺某事和成為某事的不同。你可以覺得醜（或覺得虛弱、覺得絕望、覺得迷惘、覺得害怕、覺得無聊、覺得興奮、或覺得其他任何事），但事實上，你的本質不會是那樣。你會感到醜，但你是一個開放空間，所以不可能是醜。沒有醜的人，醜的感覺不能定義你。開放空間超越一切的對立。醜和美的感覺你都同時能感受到，而你並未被任一極端所影響。你不會因感到醜陋而變得比較不完整，也不會因感到美麗而變得比較完整。你的本質不是美醜，你的本質同時容許美和醜存在，但不被它們所定義，就像海容納所有的浪，但不被任何浪所定義。

所以你不醜，但你覺得自己醜；沒有醜的人，只是你現在覺得自己醜。你不會是個失敗者，但你可以覺得自己像個失敗者；沒有失敗的人，只有失敗的感覺。你不會是無助的，但你會感覺無助；沒有無助的人，只有無助的感覺來來去去。你不是任何特別的事（因為你的本質包含各種流動的感覺），但你可以感覺到每件事。所有人類能感知到或曾有的感覺，都被允許在你的本質中流動。在這層意義上，所有人類的意識你都能感知到。你能感覺到或想到的，我也能，沒有任何波浪是和意識之海不相容的。事實上，也沒有任何感覺、想法和你的本質不相容。你是容納所有人性的空間，你容許整條意識之河流過你，你是空無，容許流經的每件事。當沒有了分別心，你就擁抱了所有的人性。

我們大部分的受苦都基於一個錯誤假設：如果我們的某種感覺太久或太強烈，我們就會變成它。我們假設如果我們容許那感覺存在，它將纏住我們，最後定義我們。我們大部分的受苦來自這種迷信！覺得像失敗者並不代表你就是失敗者，覺得你很醜不代表你真的很醜。感覺到一道浪，不代表那道浪可以定義你。

我們想定義自己，區別自己與他人不同，想維持生命故事前後的一致，這慾望最終讓我們拒絕接受和理想自我形象有所衝突的感覺。我們說：「這感覺是我。」或「這感覺不是我。」如果我認為自己是美麗有吸引力的人，我不會容許醜陋進入我的生命，不會讓自己感覺到醜，因為那不符合我想要看到和希望別人看到的我。如果我感覺到醜，我會覺得有什麼事出錯了；我今天「不像」我。或當我認為我是個成功的人，我不會容許失敗，那不符合我的自我形象，我不允許自己感到失敗。如果我視自己為強壯的人，也希望別人這樣看待我，我便不容許自己感到軟弱，我不容許任何會威脅到自我形象的經驗進入我的生命。

如果我們真的能控制浪的出現與否，我們就能把不支持我們自我形象的浪關在門外，但我們始終無法控制生命的流動。儘管我們做了最大的努力，我們不想要有的想法和感覺還是不斷出現。我們試圖驅逐關於醜陋、害怕、痛苦、失敗、軟弱、負面能量、黑暗的波浪，然後發現那終究是不可能的，它們不管怎樣都會出現。我們不能把一半的海關在門外，生命之海如此自由而難以駕馭，不可能被抑制或馴服。

為什麼我們不能控制浪？為什麼我們不想要的浪會出現？因為在二元的世界裡，對立的概念必定成對出現。了解這個事實也十分重要。我們的經驗以完美平衡的狀態出現。如果有美，就會有醜；如果有成功，就會有失敗；如果有開悟，就會有無知；如果有被愛，就會有不被愛。這就是世界運作的方式，直到我們開始和生命的平衡作對之前，它從不會是個問題。

生命之美在於它總是不斷變化。我們不會永遠感覺一樣。在當下的經驗裡，沒有「永在」，也沒有「永不」，只有此刻躍動的波浪。當我們說：「我想要變得有魅力，我想要變漂亮。」意思是我們想要永遠感覺自己有魅力，永遠不要感覺醜陋。記住，你的本質不會是任何特定的事物，但你有能力感覺所有現在發生的事。我們想要在時空中維持不變，但即使在永恆中，我們的感覺仍不斷在變。

事實是，在任何時刻，我們都能感覺美麗與醜陋。有時我們感覺自己像成功者，有時則像失敗者；有時我們覺得虛弱，有時卻覺得強壯；有時我們感到很確定，有時卻感到不確定；我們有時開心，有時傷心；有時我們支持某件事，但有時卻反對它。這就是世界運作的方式。一個接著一個，或甚至同時感到這些看似相互矛盾的感覺，是再自然不過的事了。我們不喜歡自相矛盾的議論，但當你了解到我們本來就是矛盾的生物，而且那完全沒問題時，你就了解永遠不會感覺一樣是多麼自然的事。

在你如海洋的本質中，改變、流動、不一致就是事物的本質。不變的海喜歡透過不斷變化的浪來表現自己。但由於我們想尋求一致的自我，並且探尋固定不變的生命故事，我們開始把不一致貼上負面的標籤，並不計代價的避免它。我們希望明天有和今天一樣的感覺，有同樣的想法和意見，想要同樣的東西，相信同樣的信念，日復一日，年復一年。我們不喜歡突然改變，不想要被視為古怪、善變、不可靠、無法下定決心的人。改變、移動、流動都是事物運作的方式，但我們卻想要固定不變。我們想要維持一個固定的形象，時時都能說出一樣的自我介紹腳本。我們想要成為某個樣子，但我們的本性不讓我們成為一個固定的「樣子」。由於我們對自我本質的誤解，我們和完整的經驗對抗，試著凍結自然的生命之流，於是產生了很多挫折與苦難。

我們和對立面交戰，拒絕任何不符合我們自我形象的那一面。我們不懂一件非常重要的事：事實上，根本就沒有對立。對立是心智的產物，只有心智會把現實和經驗切開，一分為二，然後追尋其中之一，並逃避另一個。

這裡有個重要的觀念：事實上，感覺沒有對立面。身體裡的能量沒有對立面。生命本身也沒有對立面。

鳥兒鳴唱的聲音有對立面嗎？現在，聽到鳥叫聲，有和它相反的事嗎？思想或許會說：「鳥叫的相反是鳥不叫。」但那只是後來出現的另一個想法、另一幅景象。現在，靜靜聆聽鳥兒的吱吱叫聲，吱吱叫聲真的有對立面嗎？

現在有反面嗎？此時此地的生命有反面嗎？真的有與它相反的東西嗎？

知覺有反面嗎？現在捏一下你自己，察覺隨之而來的強烈感覺。你可以找到這感覺的反面嗎？沒錯，思想可能會說：「痛苦的相反就是沒有痛苦。」但同樣的，那只是後來出現的另一個想法而已。實際上，當下經驗中，這個知覺真的有對立面嗎？

感覺醜陋是感覺美麗的反面嗎？或者，美與醜在不同的知覺狀態和不同的喜好下，是兩種截然不同的體驗呢？快樂感覺是悲傷感覺的反面嗎？思想可能會說它們是對立的，但在思想之外，你還能找到對立嗎？

事實上，感覺或情緒沒有所謂的對立面，每種感覺和情緒都是一次完整的經驗。

經驗本身也沒有對立面。

覺得醜並不是任何事的反面，就只是覺得醜。若不把感覺醜陋稱作「負面的」，也不把感覺美麗稱作「正面的」，不把它們看作是彼此的相反，我們看到醜陋感只是一種正在發生、流動的經驗浪潮。本質上來說，沒有哪一道浪潮比其他浪潮更好或更壞，因為它們都不是彼此的反面，它們都同樣是水。覺得醜絕不是任何事的反面，就只是覺得醜。它只是某種生命能量流動的方式而已。

不僅美不是醜的反面，醜充其量也只是個概念，因此它不能捕捉到任何當下的經驗。換句話說，沒有了「我覺得醜」這個故事，這裡發生的究竟是什麼？

沒有了「我覺得失敗」這個故事，剩下的究竟是什麼？

沒有了我覺得痛苦、悲傷、無趣、生氣、不安、沮喪、迷惘或甚至追尋的故事，剩下的究竟是什麼？

沒有了描述什麼正在發生的故事；不把經驗貼上「失敗」的標籤，不與成功相比；

拿掉「醜陋」的標籤，也不與美麗相比；不再稱經驗為「憤怒」、「恐懼」、「疼痛」，也不再拿它們和概念上的反面比較，我怎麼知道我現在的感覺是什麼？

像我之前說過的一樣，沒有了故事，你不會知道你在經歷的是什麼。沒有了故事，不為經驗命名，生命只是原始的能量流動。就向大海一般，沒有名字而神祕。我們試著為能量貼上標籤。我們評判它，試著逃避它，把負面的相反定義為正面，然後尋求正面。

但在這所有之下，首先，我們不真的知道自己在逃避什麼。我們稱這些浪為「害怕」、「憤怒」、「傷心」、「無聊」、「悲痛」、「喜悅」、「痛苦」，只因為我們學過這些名字和概念，然後我們試圖逃避這些感覺的浪潮或緊抓住它們。但拿掉這些標籤，你要逃避和抓住的是什麼呢？你真的知道嗎？當我們丟掉所有標籤、所有學過的描述，面對生命最原始的能量，就像此刻，不企圖去改變、逃避或依附它時，會是什麼樣子呢？當我們丟掉對此刻是什麼又不是什麼的描述，深深感受現在的感覺時，會是什麼樣子呢？

這便是生命真正開始冒險的地方。

當你超越了描述感覺的故事，你開始看到自己從未真正了解自己在逃避什麼。然後你會遇見生命最原始的力量。你一絲不掛的站在生命面前——這是真正的療癒。所有

「覺得這一刻應該如何」的念頭全都消失了。

當我們為每道浪貼上標籤時，戰爭便開始了。當我們標籤一道浪時，我們設定它是另一道浪的相反。即使事實上，浪並沒有對立面，但在每個標籤中，卻都有隱藏的價值判斷。創造美麗和醜陋的對立並尋求美麗時，我們開始和被我們稱作醜陋的浪開戰。當我們試圖想要變得漂亮，感覺到漂亮，不想感覺到醜陋的時候，我們便和當下的經驗開戰了，且試著達到它的對立面——即使它根本沒有對立面。難怪我們會受苦。我們想：「感到醜陋對我的完整是一個威脅。如果我能擺脫它，如果我能由醜變美，那麼我就會完整了。」於是比賽開始。

你試圖維持什麼樣的自我形象？你想要別人怎麼看你？快樂的、美麗的、成功的、平靜的、開心的、有智慧的？或是專家？老師？知道一切的人？能解決一切的人？你不想要別人怎麼看你？傷心的、壓力大的、不受歡迎的、醜陋的、不聰明的、失敗的？哪一個自我形象你不能接受？你想感覺到什麼？不想感覺到什麼？什麼樣的經驗浪潮在你的世界中是不能被接受的？

一位曾和我共事過的女同事告訴我她一生中對美的追尋。她拼命的想要變得有魅力，想成為屋子裡最美麗的女人。她非常注重外表，也花了大筆的錢去買衣服、化妝品與動整形手術，只為了追尋美。和我聊過幾次後，她對美的著迷是從哪兒來的變得很清楚，她打從心底覺得自己非常的難看。

她一生中都覺得自己很難看，她試著藉由時尚、化妝而成的美貌來掩飾自己的感覺。雖然想要變得有吸引力這件事沒錯，因為努力讓自己變得有吸引力可以是件有樂趣的事，但她的追尋對她無效，並沒有從根本消除她不完整的感覺。變美麗的嘗試並沒有消除她對難看的感覺。事實上，她覺得自己比以前更醜。和以前相比，也變得更不顧一切的想逃避難看的感覺。

當她覺得最醜的時候，她會盛裝打扮自己，去夜店找個男人，然後和他發生一段膚淺又不令人滿足的一夜情。一時之間她會覺得自己充滿魅力、美麗、性感、被渴望。一時之間，她會覺得自己很完整。看來像是性有能力帶走她的醜陋感，性成了她的靈性大師。

但隔天早上，她的醜陋感就變得比之前更糟，其中還參雜了罪惡感。因為她知道某個程度上她並不真實，在那個當下她並沒有顯露出真正的自己。她假裝美麗，但實際上她覺得自己很醜，卻又不能表現出來。一切都只是在演戲，而她的演技並沒有帶給她真正想要的：愛、完整、從追尋的重擔中解脫、家，還有愛本來的她，而不是愛她假裝的樣子。愛的尋求者會做任何讓他們感覺到被愛的事，即便只是感受到一下子。

你有沒有發現她對未來可能獲得的愛與美的追求，和她現在試圖逃避的醜陋是一模一樣的？某個程度上，感到難看對她而言是個威脅，威脅到她的自我概念，威脅到她想成為的樣子。難看等同於「不可以」。她透露自己小時候曾被虐待，她感覺自己醜，同時也感覺自己沒有價值、罪惡和失敗。基本上，感覺難看和感覺不被愛、不可愛是連在一起的，所以她不能容許自己醜太久。去夜店找尋一夜情是讓她轉移討厭感覺的好方法。可是最後，她只會覺得自己更醜、更抽離、更假，也更不值得被愛。

她只是從來沒有想過其實有時難看是可以的。當然覺得醜可能是變醜的一種跡象，但因此就不能被接受嗎？她把覺得醜和變醜連結在一起，相信只有醜的人會覺得醜，那是她的迷信。

當看到醜已被海洋深深接納，換句話說，就是看到即使在最無法抵抗的醜陋中，她廣闊的本質仍然不會受影響，於是，她能容許自己感覺醜陋，並了解這感覺是能被接受的。醜陋不能定義她。雖然她會感到醜陋，但她不可能是醜陋的。沒有人是醜的，我們只是有時感覺醜。而當我們和心中的感覺交戰時，我們把我們的拒絕投射到世界上，然後說其他人醜。

那女人開始了解有時感到醜陋這件事並非她的錯，而是人類經驗平衡中很自然的一部分。很多人覺得自己醜，但卻不承認。這不是那種漂亮的人會談論的事，或至少不是想被別人誇讚漂亮的人在談論的事。

在心靈深處，不管是那女人或我們，其實都不是真的想要美麗；我們要的是完整，而完整意味著接納各種經驗，知道自己是美和醜都會流經的空間。奇怪的是，或許一開始聽來還有點瘋狂，我們渴望變醜，因為在某種程度上，我們知道醜也是海洋的一部分，也知道只有當我們真正容許自己去覺知醜陋，我們才能覺知真正的美麗。

我們並不真的渴望找到我們在尋找的。我們渴望的是，發現我們就是我們在尋找的東西，甚至是在醜陋感、失敗感、恐懼感、軟弱感、不安全感或全然的挫敗感當中。我們其實渴望所有我們逃避的事物，如醜陋、失敗、恐懼、軟弱、不安全或挫敗，因為某種程度上，我們知道完整藏在這些事物中，我們渴望容許每件事的發生。

當這女人看到自己的醜陋早已被接受後，她發現自己終於可以放棄嘗試變漂亮，然後承認自己偶爾感覺到醜這件事。當她看到自己的醜陋被承認時（換句話說，被此刻全然的接納），她也能承認自己的醜了！終於可以停止假裝成為她知道自己明明不是的某種人，承認當下的事實是多麼令人鬆一口氣啊！不用再維持一個虛假的自我形象著實是個解脫！成為廣闊無垠而開放、全然接納每道浪的意識之海，能這樣做回真正的自己真是個解脫！

更奇怪的是，她承認自己覺得醜後，反而不再需要透過找男人，或在他們身邊佯裝漂亮來掩飾自己的感覺。她不再需要像以前一樣隱藏住自己的醜陋感，因為她不再需要維持自己美麗的身分認同了。

為什麼我們需要維持自己的故事？為什麼我們需要有自己的故事？為什麼當下的經驗不能免於被我們佯裝成其他的東西，以原本的樣貌被接納就好？為什麼我們需要有自我形象？為什麼我們不能誠實的面對每個當下？為什麼我們不能就承認此刻，並意識到此刻早已被我們的本質接納？

那女人不再想要變得漂亮，取而代之的是，她想變得誠實、真實。她只想好好感受她所感覺到的，不更多也不更少。之後她告訴我，現在男人比較能和她做更深層的溝通和連結，因為她接納他們，承認他們有時也覺得自己很醜！對他們來說，能遇到一個在這層次上了解他們，又不需要在她面前特別努力表現的女人，是個解脫。能遇到一個對他們醜陋感誠實以對的人，是多美的一件事！能遇到一個可以看到他們的醜陋，卻超越其形象的人，是多親密的一件事！能與一個即使自己沒有吸引力也能感到自在，且不企圖變得更有吸引力的人相遇，是多吸引人的一件事！對每個人來說，不需要再假裝是個解脫。

「我很醜」原本是這女人絕不會承認的事，因為承認就代表她自以為美麗的自我形象破滅。以前，想到別人可能覺得她醜這件事會嚇壞她，可是現在她說「我很醜」的時候，那些字有完全不同的意思。「我很醜」指的不再是一個難看的人，一個有醜陋而非美麗特質的人。不僅沒有醜陋的人，事實上根本沒有人的存在。「我很醜」指的是醜陋感可以出現在我本質的廣大空間中，如果它出現，是可以被接納的。

「我很醜」可以是對生命的讚頌，而非對一個人負面的評價。生命以各種形式出現：美麗、醜陋或所有在其間的事，都被容許在我的本質中流動。我包含全部，擁抱全部，它們全都是我：我很美，我很醜；我被愛，我不被愛；我很成功，也很失敗；我很開心，很難過；很強壯，又軟弱；我懂，我不懂；我有智慧，我懵懂無知；我確定，我不確定。當你不再和對立抗戰，你有足夠的空間容納這一切。所有的意識都能流經過你。所有我們曾認為是「負面」的事，現在都成為禮讚生命的一部分。所有的浪都納入海洋。我們對負面和否定的想法也在全然的接納中被釋放。

你想要變美嗎？那你必須先全然接納你的醜，並理解它就存在於你的本質中。就這麼說定了。你想變得強壯嗎？那你必須全然接納你的軟弱，並理解只有當你完全接受軟弱的存在，真正的力量才會浮現，而真正的力量並不和軟弱有所衝突。就這麼說定了。你想要成功嗎？那你必須愛上你的失敗，了解即使最徹底的失敗感都被你的本質接納。就這麼說定了。你想要被愛嗎？那你現在必須全然接受不被愛的感覺，如此你才能發現愛沒有對立，真正的愛不能被反對。就這麼說定了。

我曾經問過一個對成功有所執迷的商人：「如果你失敗了會怎麼樣？」

他說：「我會賠錢。」

「然後呢？」我問。

「賠上我的房子、車子和家庭。」

「然後呢？」

「我會流落街頭，無家可歸，不被保護，變得脆弱無比。我會變成社會的邊緣人，沒人愛也沒人要。」

我們看到他恐懼的核心並不是失去成功，而是失去愛、失去認同、失去完整。他把成功和完整，失敗和不完整連結在一起。不令人驚訝的是，在他小時候，雖然有深愛他的父母，但他總覺得當他成功時父母會更愛他，雖然不是那麼明顯，但當他失敗時卻老是有被父母拒絕的感覺。到現在，他還是被同樣的模式制約：「若失敗就沒人愛，但若成功則人人愛。」驅使他追求成功的不是金錢，而是愛。

如果你放下最深最黑暗的恐懼，對醜、對失敗、對貧窮、對病痛的恐懼，當你墜落到谷底，你會發現幾乎所有恐懼最根本的源頭都是「我不會被愛」。如果我醜，我會不被愛；如果我痛苦，我只會孤獨且不被愛；如果我失敗，我會不完整、想家、更靠近死亡。我們真正的恐懼不是失敗、醜陋和痛苦，而是它們在我們心中所象徵的意義。對很多人來說，失敗等同於不被認同、被拒絕、被遺棄，最後是不被愛。就連最冷靜的商人都偷偷的渴望愛，並透過避免失敗，逃離自己不值得被愛的感覺，他不懂的是，一直以來其實自己都是完整的。他害怕失敗，並希望成功能幫助他找到完整。

當你知道自己的本質是能容納每件事的開闊空間時，你會發現失敗、病痛、醜陋、無助、不確定、軟弱都在等著被擁抱，而不是被避開。所有的浪，包括你最害怕的那種，包括看起來對你本質似乎最有威脅的那種，都早已被生命的海洋深深擁抱。你不是一個會被任何浪所威脅的形象，因為只有形象才會被威脅。

如果明瞭自己是個廣大空間，能夠容納所有事情在此刻發生，你會知道不論好壞、正面負面的感覺都早已被你的本質全然接納，而不斷出現在你一生中的各種感覺就是最好的證明。全然擁抱每道經驗，就是你一直以來在尋求的愛。

◆沒有負面想法這檔事

我們努力控制自己的想法，不是嗎？我們努力讓自己有正向的、令人喜愛的、善良的、具有同理心的、理性的想法，試著趕走不好的、邪惡的、具毀滅性的、不仁慈的、暴力的和不道德的想法。我們甚至說某些想法是不可想的：我不該想關於殺人的事，不該想所愛之人的缺點，不該有評斷，不該想到性；不該想未來會發生什麼，不該有負面思考，不該有太多思考，不該聽從我的思考。我必須頓悟並完全沒有想法。

企圖去控制你的思考，就像試著去控制海裡的浪，最終都會製造大量的痛苦，因為這企圖是基於錯誤的幻覺之上。如果你曾冥想超過五秒鐘，你可能會注意到你根本無法控制自己的想法。你不會知道自己下一個想法是什麼，更別說明天的了。各種思考自由出現在生命的廣大空間中，就像浮雲掠過天空般來回穿梭在你的意識間。即使在最嘈雜的想法中，也有非常安靜的本質，一種深層的平靜，也就是你的本質。你的本質靜靜觀看各種想法的來來去去，並容許它們流動。

你不會知道你下一個想法是什麼，你甚至沒有能力不去想什麼。當你試著不去想某件事，結果呢？那件事的想法和印象便出現了——必然如此。你不可能不去想。一旦你知道你不該想的時候，就代表那想法已經出現，即使你不想對自己或別人承認！

認為自己是想出想法的思考者，是我們眾多幻覺的其中之一。事實是，想法是自動出現在你廣大無邊的寂靜本質中。另一個想法會出現：「我想出了那個想法！」想法和人無關，但我們卻相信它們被我們所擁有。所以現在我們有兩個東西：一個是想法，另一個是想出想法的我，想出想法的思考者。但這不過是個假設罷了。實際上，你從未經歷過思考者和想法之間的分裂，只經歷過念頭的出現又消失。沒有想出想法的思考者，只有自動出現的想法。「我是思考者」只是另一個想法罷了！

這便是冥想的要義：我們只要放鬆回到廣闊而開放的空間中，察覺想法並非個人的，讓它們自然來去。

現在想像一下：有個小孩和他的父母說：「爸爸媽媽，我有個想法。我想到哥哥快死了，因為他不讓我玩電腦。」父母回應：「不可以！太可怕了，你怎麼可以那樣想，那樣想真的很壞。你是邪惡的小孩，今天不准吃晚餐，快點回房間！」他們暗示了是小孩想出那個想法，而且他必須為那想法負責。壞人有壞想法，不能被接受並且必須受懲罰。小孩父母的假設是：如果「壞」念頭出現（一個他們評價為不好的想法），一定是某個壞人想出來的。

從小孩的眼光來看，他並沒有選擇要有那想法，而是那想法就這麼莫名其妙的出現。那想法是他對哥哥感到憤怒的一種表現形式，在當下他沒有全然接納的憤怒。當憤怒沒有被及時接納時，我們便忘記自己的本質，接著創造出「我是個愛生氣的人」這樣的故事。然後愛生氣的人，為了從不被接納的討厭感覺中釋放出來，開始對其他人發脾氣。「我想揍我哥」其實是指「我很生我哥的氣，氣到那時但也只有那時，我覺得自己很想揍他。然後我試著和你們溝通這件事，其實只是希望你們說沒關係。」

但現在小孩被告知只有壞人才會有壞念頭，就像告知你被邪魔附身一樣（或至少你一定是哪裡出了問題）。邪惡的人有邪惡的想法，罪人的想法都有罪。你的腦袋不正常，因為它產生了病態的想法。

因此小孩跟自己說：「我不能有壞念頭（雖然某個程度上，我知道在最開始的時候，我並沒有選擇要有這些想法）。我不可以變壞，爸爸媽媽會因為我壞壞而不愛我。」

現在，壞念頭或怒氣，都將被壓抑。「媽媽和爸爸跟我說過，有這種希望別人死亡的念頭、想傷害別人的念頭、認為別人很討厭的壞念頭都是不好的。我不想冒著失去他們的愛和認可的危險，所以我不能有那些想法。」

於是，和思想的交戰就此展開。

事情並不是每次都像我描述的例子這麼戲劇化，但當我們長大，我們全都被制約成了去相信某些想法是不好、黑暗、不健康、病態、有罪和負面的，更重要的是，我們是想出那些卑鄙想法的思考者。有些念頭我根本不該有，有些念頭一開始就不能被接受。於是我們用盡全力去驅逐那些想法，把它們趕走。

我們和想法交戰或許也出於另一種迷信。正因為我們相信，如果我們感覺到某事太久、太強烈或甚至只有一點點時，我們就會成為那件事：「如果我去想，它就會成真。如果我去想，它就會發生。如果我去想，我就會吸引它過來。如果我去想，我就會變成它。如果我去想，爸媽就會發現（或我的老師、老闆、靈性大師、另一半或神會發現），然後我就會被懲罰。如果我去想，別人就會知道我在想，他們就會評論我。他們會看到我的本質，然後我會被世界拒絕。別人會認為我是不純潔和不完美的。」

如果他們發現我在想什麼，他們就不會愛我了。

我曾遇過一個臉上總是帶著大大微笑的女人。她告訴我她有多正向，是世界上最正向的人。她四處傳播積極正面的想法。她用正面的態度點亮了整個宇宙。她是一盞指引愛、喜悅和快樂的明燈。用她自己的說法，她是「光明」。

只有一件事讓她很困擾，一個奇怪而負面的「存在」，一種不開心的鬼魅，形影不離的跟著她。不論她到哪裡，和誰說話，做什麼事，他總是在她旁邊，散播他的負面能量，灌輸負面想法到她腦中。她不明瞭為什麼他總是在那兒不走開。她這麼正向，為什麼會被一個悲慘的幽靈跟蹤？她用盡各種方法要讓他消失，但他絲毫不讓步。為什麼他趕不走呢？

就像你可能會猜的一樣，那個存在就是她自己。所有她認為自己太負面，不符合她「是世界上最正向的人」的身分（形象），都被投射到這個鬱鬱寡歡的鬼魅身上。然後她感覺那是她以外的另一個存在：「那消極不是我，是他！」

看到追尋者的聰明才智了吧？凡不符合自我形象的，我們會想盡辦法排除。這女人沒有察覺自己正這麼做，直到我協助她看見，並沒有存在於她之外的鬼魅。實際上，她就是那隻鬼。然後她開始了解負面消極是可被接受的，了解其中的真理，了解那並不會威脅到她的本質。她只需要去愛那隻鬼，把他整合進她的本質當中。她會發現她的本質能容納各種正面和負面的想法，超越這兩個極端。在那裡，不用去維持正面的形象，或事實上，任何形象都不用。

某方面來說，我們都像這女人一樣，趕走不符合我們希望的自我形象或不希望被別人看到的樣子。當我們想要維持正面的自我形象時，便無可避免的要和我們認為的負面開戰。

然而，你的本質並不會區分正面或負面的想法，也不會辨別正向或負向。所有的想法都自由來去，就像你可以投影任何電影到螢幕上：浪漫喜劇片、史詩戰爭片、恐怖片、「正面」而快樂的片子，或「負面」而令人難過的片子，但螢幕本身不受影響。螢幕不會被任何投映在上面的電影損害。而你就像電影螢幕一樣，並不會被任何想法傷害、汙染、腐化或損壞，不論那想法多「負面」。所有想法都被容許出現在覺知的螢幕上。你不是主動的思考者，但想法自動會出現。

當像「我是廢物」或「我是個徹底的失敗者」，或甚至更暴力如「我恨我朋友」或「我希望他死掉」這樣的想法出現時，恐慌就此趁虛而入，如「我不該那樣想。天啊，這想法從哪兒來的?也許是我有毛病。我是個好人!我愛我的朋友,我不可能希望那種事發生在他身上。神啊,也許那想法表示我可能真的會殺了他!不,我不會是個殺手吧?我的天,我要擺脫這想法,這不是我,這是邪靈!」因為我們相信「我不該有這種想法」,所以我們受苦了。

我們害怕一直想某件事就會使它成真,但就像我說過的,這是迷信。事實是,我越容許一個想法出現,我越不可能去付諸行動。我越努力去忽略它、壓抑它、摧毀它、對抗它,我和它打架打得更兇,和自己打架打得更兇,好像也越有可能去做我害怕做的事。我內心交戰得越兇,那衝突越有可能反應到外在的世界裡。

我們看到這能量在對孩子發脾氣的父親身上起了作用。在他對管控孩子的無助、絕望和無力中,他有各式各樣的想法,包括身為一個父親「絕不該有的」想法。他想傷害孩子,甚至殺了他們,和殺了自己(那父親提起勇氣,誠實向我承認他曾有過這種念頭)。他有那種你會認為最好不要告訴任何人的想法,那種你認為別人絕不會有的想法,那種會讓你認為自己有病的想法。

那些「暴力的」想法出現了,而那父親震驚於自己有這樣的想法。他是多麼壞、多麼邪惡的人啊!那些想法和他身為一個父親、一個男人和人類所有的信念都相違背,但它們仍然出現了，超出他的掌控。

而那正是恐慌趁虛而入的最佳時機。「神啊，我不該那樣想！我哪裡有毛病？我是世界上最糟的爸爸，失敗的父親，糟糕的人。我離靈性覺醒好遠！我有病！我該如何停止，怎麼擺脫、消滅這些想法？也許我有精神病了！救命啊！救命！」

在最慌張和無助時，他對孩子們大發雷霆。又一次，大發雷霆讓他從「危險」的想法中解脫和釋放。但諷刺的是，真正的危險在於大發雷霆，並且想從那些「危險」的想法中逃離；而不在那些想法本身。那些想法無害，是我們對想法的評判和拒絕讓麻煩發生。

「我想殺了孩子」是不符合好父親形象的想法！這不是父親，或任何人該有的想法。但那時，那些想法就這麼出現了。那是事實。有誰會不管多困難都要否定現實呢？只有追尋者。他們因否定而成長茁壯。離開否定並承認什麼是真實對追尋者來說很可怕，因為這摧毀了追尋者想要維持的形象。

這男人心裡知道他絕不會動孩子一根汗毛，但「壞」仍不斷出現，傳達了他對控制情況的沮喪、無助與絕望。追尋者尋求離開不適的方法，而心智讓其走向極端：「如果我殺了孩子，我就能平靜。」追尋者極度渴求逃離，於是極端的想法出現。思想很快的將這想法標籤成「邪惡」和「病態」。又因他是基於想出此想法之人的假設，現在，他不只是個無能管教孩子的父親，還是個邪惡的父親、病態又糟糕的人，不配有小孩，不配活在世上。這是雪上加霜的折磨。

只要他容許想法的存在，恐慌就不可能趁虛而入，他也不會那麼氣自己，不會那麼害怕，不會最後無助的大罵孩子。我們不敢容許最「負面」的想法，因為我們害怕它們對我們的形容，我們也莫名的想像若讓它們留在我們的本質裡，它們會佔據我們的心靈。事實剛好相反，當我們拒絕、試圖逃離或懲罰自己想到那些想法，它們的體積和重要性才會變得越來越大。追尋和逃避變得如此強烈，即使看來最平靜的人最後也會變得兇殘。想想新聞對一個普通人大開殺戒的報導，當記者訪問兇手的朋友時，他們說：「但他似乎是一個很冷靜、溫柔的人……。」

這聽起來雖然很奇怪，但若完全接納暴力的想法，暴力就會消失。真正的和平不在於和暴力對抗。電影螢幕沒有任何偏好，喜劇、悲劇、愛情片、武打片，都被准許在螢幕上播放。暴力電影不會讓電影螢幕更暴力。螢幕從不慌張，因為它知道所有想法都能被准許在上面演出。

要不是我們試著維持自我形象，所有被我們拒絕的想法都不會造成問題。「我不是暴力的人」、「我是樂觀的人」、「我是快樂的人」、「我是百分之百的愛與光明」。太棒了！但這些只代表，你將和不符合那形象的想法產生衝突罷了。

如果你試圖維持正面的自我形象，你就不可能會容許負面思考。成功人士可能不會讓自己有失敗的想法。有靈性的人可能不會讓自己有生氣、性慾、害怕等不靈性的想法。想變得純潔的人，不會容許自己有任何他們被制約後認為不純潔的想法。更糟的是，如果他們認為自己已經是超越所有想法的得道者，他們更不容許自己想任何事。一旦你想維持任何自我形象，你就會和想法打架。最不暴力的人會和威脅他們維持不暴力形象的想法打架。形象總是被想法威脅，為了捍衛自我形象，所以兩股力量便起了戰爭。

我們常常說「正面」和「負面」思考，但現在我們知道沒有所謂的負面思考。「我很醜」不是負面的想法，我們標籤它為負面是因為我們不喜歡它對我們的形容。這想法讓我們沮喪，因為我們不想承認「醜」出現在我們的經驗中。「我是個失敗者」這想法讓人沮喪，因為我們不想真正擁抱失敗，因為擁抱失敗會威脅視自己為成功人士的形象。我們試圖消除所有「負面」想法，只留下「正面」的。

正向思考這幾年蔚為風潮，但這方法到最後仍不管用，因為對立的兩面總是同時出現。更常發生的是，我們以為自己積極正向，但其實只是用它來掩蓋負面思考。負面的想法仍潛伏著，準備在不預期的時候出來破壞我們的好心情。我們覺得醜，但那感覺不被接納，於是我們想藉正向思考來抑制醜陋的感覺。然而，這樣的美麗不管對我們或對他人來說都空洞又膚淺，不是我們真正想要的。

其實，在尋找正面的過程中，我們同時創造了負面。它們不能獨自存在，正面思考產生了負面想法。

有些人反應，他們受負面想法攻擊或被負面想法困擾著，但記住，我們的本質不怕攻擊，只有形象會怕。所以每當你有了負面想法，每當你覺得受到人身攻擊時，便是你在捍衛自我形象的徵兆。當你沒有需要捍衛的形象，各種想法都能被容許。然後你會看見每個想法都是真實的，或者說，每個想法其中都有真理存在。如果你夠誠實，就能從自己身上找到所有答案，那時想法也不再是你的敵人。每個你稱之為「負面」的想法，實際上都是一個親愛的好友，試著讓你看見你仍在捍衛錯誤的自我形象。

就好像生命在它無限的包容中，試圖摧毀你各種錯誤的自我形象。如果你緊抓著美麗不放，醜陋就會出現，試著打破這件事；如果你緊抓著成功不放，失敗就會打擊你直到你看清現實。彷彿生命想要擁有完美的平衡，它同時就要擁有美麗與醜陋，而不只是其中之一。它想要每件事，因為它就是每件事。所以或許我們經歷的負面想法只是生命的自我平衡而已。細心傾聽苦難，它總會讓我們看見內心的衝突，還有我們不止息的追尋。

所以「我很醜」這想法在邀請你接納醜陋，「我很失敗」在邀請你深刻感受當下的失敗。我們太容易忘記自己的本質就是生命本身的無限，在內心裡和被標籤為「負面」的想法作戰，看不清亙古恆今的真理。如果我們夠開放，不論是多負面的想法，我們都能發現其中的真理。我們開始了解我們不是自己以為的樣子。我們能自由、不受限制的去容納各種生命的樣貌。

人們常試圖保護自己的形象而不自知。有位女士曾告訴我她有多「不受身分認同所綑綁」。她已修習不二元論好幾年，她向各個有名的老師求教，有各種覺醒的經驗，最後脫下她所有的身分認同。她不再是什麼重要人物，什麼都不是。她不需要任何形象，她只是覺知的開放空間。她已超越各種母親、妻子、女兒、靈性追求者的角色。

但是，還有一件事使她困擾不已。

「問題是我孩子！」她說。「我搞不懂他們為何還把我看成他們的母親。難道他們看不出來我不是他們的母親嗎？難道他們看不出來我什麼都不是嗎？」她告訴我，她的孩子不接受她對現實的想法帶給她多大的折磨和困惑，這也更使她糊塗了，因為她以為「覺醒」之後，人不該再有困惑！「要是他們能看到我真正的身分就好了！」她說。「難道他們看不出我沒有任何身分，看不出我不再建構自己的故事了嗎？」

我說：「但妳確實建構了一個故事，妳的故事是妳沒有故事。妳只是完全認同自己不是他們的母親。每當妳的孩子叫妳媽媽，妳那『我不是一個母親』的認同和形象便受到威脅。這便是為什麼當他們叫妳『媽』時，妳覺得痛苦。因為他們眼中的妳，和妳眼中的自己相牴觸。」

她看出自己的苦難來自哪裡了：她尋求孩子們不能給她的事物。為了維持「非母親」的自我形象，她內心在和孩子交戰。她不再聽他們說話，認為自己已沒有身分，無須再尋求，但其實她仍在尋求。

沒錯，即使如「我沒有身分認同」、「我什麼都不是」都可以變成另一個認同、另一個陷阱、另一個需要維持的形象、另一個需要捍衛的故事。如果你認為自己什麼都不是，你的內心悄悄地和任何不認同這形象的人開戰。你會說：「我什麼都不是，但你仍然是某號人物。」然後開始產生內在衝突。不管你覺得自己有多「覺醒」，對形象的捍衛永遠帶來衝突和苦難。最後是苦難指引這女人回家。所有形象在生命面前都自動粉碎。

你對你自己，和別人對你的哪些看法和判斷會讓你覺得受傷？你覺得哪些想法是負面的？這些能告訴你，你正在捍衛什麼形象嗎？為了捍衛形象，你和什麼想法交戰？你不想經歷哪些事？你不能接納哪些事？你能認知到你不願接納的東西，早已被生命接納了嗎？

所有苦難、衝突都在邀請你放下形象，發現對此刻最全然的接納。

我們已經涵蓋了追尋的基本形式：

- 我們認為自己是分離於海洋的浪潮，無法看見存於在此刻的完整，期望在未來尋求完整。
- 對你來說，金錢、性、開悟、名聲、美麗，哪一個代表尋求的終點？我們賦予這些東西力量，它們似乎有帶來完整的力量。於是我們渴望、追隨、崇拜它們，將它們神化，想要成為它們。我們沉迷於追尋未來的完整，但直到我們發現自己的本質前，我們都不知道自己在追尋的究竟是什麼。
- 我們試著逃避醜陋、軟弱、失敗、無助，任何我們視為對完整會造成威脅的經驗，但它們並不真的是威脅。就像海裡的浪，它們早就被接納了，我們要做的只是認清這份隨時隨地的接納。所有的想法感覺都能在你的本質中來去自如。

- 全然接納不是你要達到的目標，而是你真正的本質（自性）。你的本質是能讓各種感覺自由來去的開放空間。這空間和出現其中的經驗無法分割，如同海與浪的密不可分。這便是我們一直以來渴望的愛與親密，而這份親密一直都是我們當下經驗的核心。
- 身為開放的空間，你無法被任何明顯的對立，如好或壞、健康或不健康、啟蒙或愚昧給定義。我們逃離負面，想變得正面，但嘗試逃避生命被我們稱為苦難。苦難讓你看見此刻你還不能接納什麼，也讓你看見你不能接納的事，早已被生命的本質所接納。
- 你不是追尋者，而是看到追尋自然產生的開放空間。你不是在時間中試圖讓自己完整的不完整實體。追尋的終點不是追尋者會在未來發現的某事某物，此時此刻的你就是追尋的終點，就是你在追尋的東西。

追尋機制的隱喻有著驚人的詮釋力，能幫助我們理解我們可能無法理解的苦難。了解此機制的基本原則後，我們現在將細看它如何在日常生活中呈現。

本書剩下的篇章，建立在先前提過的概念和洞見之上，我們會探討發生在我們最親密關係中的追尋，例如我們如何向他人尋求愛與接納，那又怎麼導致衝突、虛偽、不誠實和緊張的溝通。我們會看見追尋機制如何引起沉迷和病態的慣性行為，我們如何在追尋中放棄自己的力量，甘受他人如靈性大師、宗教領袖，或其他我們認為有權威，但實際上並無任何權力之人的支配。我們會看到當我們嘗試逃脫身體病痛時，苦難如何被創造出來；以及拒絕此刻的話，會如何導致我們所謂的暴力和邪惡。

我們也會看到即使在我們覺得最不可能的地方，仍然能找到那份接納。即使在最深的黑暗中，仍能找到光——那光就是我們的自性，就是開悟本身。

揭露追尋者各種細微的表現形式，聚焦追尋者各種面向的經驗，我們會看到我們如何為自己和他人創造了不必要的苦難，並且也在同時，找到超脫苦難的方法。超脫苦難最後的方法便是進入。看看你是否能在之後篇章的例子中認出自己。如果你像我一樣是個凡人，我相信你會對我之後要說的感同身受！

「你不可能在過去和未來中找到自己。能找到自己唯一的地方便是現在。成為追尋者暗示你需要未來。若這是你相信的，它就變成真的：直到你明白你隨時都能回歸自性之前，你會不斷受時間束縛。」

——艾克哈特．托勒

第2章

實踐全然的接納

2-1 痛苦和疾病

我曾和一位專門治療癌症患者的醫生聊天。他大部分的時間都在和身體有極度疼痛的人相處。他問我如何才能將對醫治患者的興趣和想幫助他們回歸自性的欲望整合在一起，幫助他們超脫自己建構的「是需要被治療的癌症患者」的故事。幫助患者治療身體病痛，和幫助他們超越病痛這兩者常在他心中交戰。他對我說：「傑夫，你知道的，我熟悉各種靈性概念，例如世上沒有痛苦，痛苦只是一個幻覺；我們不是我們的皮囊，我們不在裡頭等等，但那些想法真的能幫助在極端痛苦中掙扎的人嗎？」

醫生點出很重要的一點。所有的靈性概念如「無我」、「我不是肉體」、「痛苦是虛幻的」、「無死」都是非常美麗的論點，而且如果用在對的地方，真的能指引我們回到每個當下的經驗中（也包括了最痛苦的經驗），永恆常在的自由。

但同時，這些概念也很容易被誤解與誤用，被用來否定此刻的感覺，然後造成我們更大的折磨。追尋者容易用「沒有痛苦」這概念來逃避他們當下感受到的痛苦；用「這不是我身體」來逃避他們不舒服的想法和感覺；用「無我」和「所有事都非關個人」來否定非常個人、親密的情緒和感覺，而這些感覺情緒其實只是在要求你的本質能全然包容它們。以靈性的概念拒絕不能接受的情緒和感覺，這種現象常被稱為靈性迴避。

同樣的，即使你的動機是好的，但告訴身體正承受巨痛的人「痛苦並不存在，有的只是合一」，等於是不承認他們現下的感受，等於是告訴他們，他們是「錯」的，你才是「對」的。告訴他們這些事顯示了你的傲慢。靈性教導的黑暗面在於心智很容易利用它們來否認現實。真正的靈性不是否認，而是否認的結束。只要我們承認現在的每個感覺，就能徹底脫離否認，不論承認有多痛苦，不論它摧毀了多少我們的美夢。

我和那位醫生說，如果我要和一位病人談論他身體的巨痛，他最不想或最不能聽到的可能是「這痛苦不是你的」這句話。事實是，此刻他們的痛如此真切，如果我們想要找到此刻的完整，不管那聽起來多麼虛幻，我們必須先「承認」，並對他們現在的感受給予「敬意」，再從那裡開始，陪他一起去尋找什麼是真實。我們在你的夢境中相遇，於是我們一起在其中探索，為了要看破它。

如果有人正在受苦，光告訴他們「你不是在受苦」或「苦難只是幻覺」並不能終止那折磨。如果你正在受苦，單純相信自己已開悟，並且因此不會痛苦，這其實改變不了什麼。記住，雖然一道浪最終還是海，但它仍是以浪的形式出現。忽視和否認浪的出現，其實就是否認海洋。

自由就在此刻的真實當中。不是我認為的真實，不是別人告訴我的真實，不是我相信的真實，不是靈性大師說的真實。真實就在現在、此刻經驗的這些想法、感覺當中。真正的自由就是承認什麼才是真實的。而現在最真實的感覺就是那痛讓我痛不欲生，管它是不是我的痛苦；是真的或只是一場夢，我在或不在這裡；世上只有一元、二元或三元，或其他所有聰明的心智想法轉換，都阻止不了我現在的疼痛。你不能訴諸理智、哲學，用思考的方式走出痛苦。只是用「你不是肉體」或「這裡沒有人」的想法，並不會讓痛苦的經驗更能被接受。你並不好，但必須假裝你很好，使自己看起來有靈性或已開悟。你在受苦，但必須佯裝沒有受苦，才能繼續維持自己已經超越苦難的形象。這是多累人的事啊！

我說的自由並不是逃避生命本來的樣貌，也不是假裝成其他的樣子，而是完全而徹底的誠實，看見真實，承認真實。承認是個很美的詞語，指的是「說真話」和「容許進入」。承認現在，誠實說出現在的感覺，也就是認知到我們的感覺，早已被生命本身容納。這些浪早就被容納在海洋裡，承認它們的存在就是本書教導最重要的核心。覺醒就是承認你是誰！

真正的治癒不在於避開苦難和達到未來的完整，真正的治癒在於現在就看到存在於苦難中的完整。完整（whole）和治癒（healing）有同樣的字根並不令人訝異。治癒的意思是，重新發現存於此時此地的完整。沒錯，真正的療癒和逃離苦難、到達未來的完整一點關係也沒有，它就在現在的苦難之中，不論那一開始聽起來有多矛盾和違反直覺。

你不會在「某天」被治癒（那又是追尋者會說的話），因為你早就痊癒了。雖然你不明白，但你的本質本來就完整，就像海洋中的浪本來就無法和海洋分開一樣。即使處在痛苦中，你仍然是痊癒的。

就像我們先前談過的靈修概念，這些字詞很美，但如何在最難受的經驗中認出治癒呢？僅相信我們已經痊癒是不夠的。

◆痛和苦的差別

在我們更深入討論治癒之前，我認為分清楚痛和苦的不同非常重要。究竟，我們試圖治癒的是什麼呢？是痛還是苦？

我曾和一個處在極度痛楚，只剩下幾個禮拜可活的女士聊天。她終其一生都是靈性追尋者。為了開悟，她求教過許多靈性導師，甚至曾在印度的修道院住過幾年。她認為自己的靈性十分進化，但現在，面對她的病痛時，她建構的所有都崩塌了。她告訴我她覺得自己非常失敗，經歷這麼多年的靈性追尋、對自身的修持及這麼多深刻的理解後，她仍不能完全接受發生在自己身上的事。在病痛中，她的自我形象四分五裂。

她對自己明天是否依然活著感到害怕，對因此而每況愈下的身體狀態感到沮喪，對所有她尚未完成的事感到遺憾，對所有她死後將錯過的事感到深深的哀傷。她過去對平靜面臨生命挑戰的設想，到哪兒去了？她過去對自己能樂觀活在每一個當下的信念，到哪兒去了？她過去對開悟的人即使在殘破中也能保持平靜的相信，到哪兒去了？她對自己「什麼都不是」的信念，又到哪兒去了？當生命在她面前呈現最真實的樣貌時，她覺得自己是失敗者和騙子，覺得被生命羞辱了。她曾以為自己已洞悉人生，但現在對所有的已知充滿了疑慮。

她看似開悟的表象正在崩塌。多美妙的事啊！所有心智建造出的表象最後都會崩毀。這是生命對她發出超越形象、發現真我的邀請。不在明天，不在昨天，就在現在。

當事情一切順遂時，當她勻稱、健康又充滿活力時，要她覺得開悟或說出「這不是我的肉體」、「沒有自我」很容易。但現在終日臥病在床，虛弱又疼痛、只能依靠藥物維持生命，她覺得自己的靈性發展被沖進馬桶裡了，像退回到尚未求道之前的樣子。她覺得好像變回嬰兒，完全無法應付生命，只能感受到自己肉體，她為自己「淪落到這種地步」感到氣憤不已。她為何不能更「處在當下」、更「覺醒」於此刻的情境，更接受一切呢？她覺得自己一點都不覺醒，過去三十年像是被開了一場大玩笑。於是她躺在床上，每天都因為覺得沒有比以前更有悟性而鞭笞自己。

這位女士非常執著於她對覺醒和悟道的信念，認為覺醒一定是某個固定的樣子。她學到覺醒的人應該永遠感覺良好，永遠快樂、平靜，甚至能接受任何事，而這些以他人標準作為自己標準、以他人體驗作為自己體驗的二手信仰卻帶給她莫大折磨，讓她覺得自己成為了失敗者和騙子。記住，「永遠感覺一樣」是不可能的。

病痛和身體孱弱她都還尚且能應付，讓她最苦惱的反而是身分認同的失敗。或許比病痛本身更讓她痛苦的是，這些年來她學到的該與不該，還有此刻應該像什麼的期待。她拼命的想接受這些事，但事實是，她不僅不能接受還因此狠狠的責怪了自己。她拼命的想維持自己的完整，但痛卻威脅著要扯破她所建構的現實。為了守住身分認同，她每一天都在打仗。

她為痛編造的故事讓一切變得難以忍受、承受，甚至到絕望境界，例如痛苦有多糟，可能會變得更糟，糟到她死去為止。真正的重擔不再是痛本身，而是生病時她眼中的自己。認為自己是病痛的受害者，被禁錮在病痛中、落入病痛陷阱而無法脫身的人，才是讓她受苦的關鍵。那才是需要被療癒的部分。她的苦難來自於心智上想逃離此刻，也想掌控局面卻做不到的挫折。她因無法真正接納自己在生命面前的脆弱而受苦。

身體病痛用最戲劇化的方法，指引我們看到真實。如果我們願意去感覺，它能幫助我們打破所有的形象。

我們說：「我現在很痛。」我們真正的意思是什麼？放下我們為痛編造的故事，回到此刻正在發生的事。我所說的不只適用於身體的病痛，也適用於各種情緒的痛，例如恐懼、憤怒、傷心、罪惡感、嫉妒、沮喪、無聊、悲痛。現在讓你感到受傷的東西，就是痛。

回到此刻，回到現在發生的事。這裡有什麼？各種想法、感覺、聲音、知覺都在你本質中消長。

去找痛。然後花點時間，像做個實驗一樣，放下你對痛的故事，放下你對痛的假設、結論、知識、描述和過去的經驗。探索現在的經驗，就像是第一次探索一樣。超越了你的想法念頭，這裡到底有什麼？此刻的真實是什麼？

或許你會注意到，一直以來被你叫做痛的東西其實根本不是痛。我這麼說的意思是，你找不到任何可以被稱為痛的實體，這裡沒有任何東西是個別、靜止和固定不變的。即使你覺得痛的感覺非常純粹，靠近一點看，再近一點，就像我們先前看到的一樣，當下並非永遠固定不變。雖然從很遠的地方看，海平靜無波，但海浪確實一直在移動。我們說：「那是一道浪，我知道一道浪是什麼。」但當你們這麼說的時候，浪已經不是先前的那道浪了。文字似乎使事情固定下來，但現實絕不會固定不變。浪潮總是一道接著一道。真實總是不斷改變形狀。當你試圖形容一道浪，說「像這個」或「像那個」，那時刻已經過了，浪的形狀已經改變，你剛剛說的已經不再適用於此刻。

生命不斷變化，心智思想只能掙扎著追上。生命總是先於思想，在這意義下，每個想法都是後來添加上去的東西。

所以回到經驗之浪，回到你稱為痛的東西，注意它不是個實體，而是由各種更小的浪所組成，各種不停變化的感覺在移動、跳躍著。一旦你對某種感覺下結論，某種意義上你就停止了去看和去感受，而是進入了心智為你經驗編造的故事裡。所以回到當下，重新再看一次現在吧。

放下你對痛的結論，重新發現這裡有什麼？你稱為痛的感覺到底像什麼？去感覺它們，深入的去感覺。給它們直接且充滿愛的關注，不要期待它們有任何改變，也不要試著讓它們消失。不帶任何期望的去和此刻相遇。這些感覺是靜止、固定不變的，還是不斷的舞蹈與移動呢？它們怎麼移動？快或慢？它們要去哪兒？跟著它們。它們像是往某個特定的地方去，還是同時往不同的方向擴散？是以小圓圈的方式循環嗎？上下、左右、裡外不停的轉動嗎？這些感覺像小剪刀般有鋒利的邊緣嗎？還是比較柔軟、圓滑、溫柔呢？感覺起來是深或淺？有特殊的質地和模式嗎？是粗糙的、平滑的、凹凸不平的、多刺的嗎？它們會震動、抽動、不規則的跳動、抖動、波動、擺動、顫動、脈動或悸動嗎？它們有節奏嗎？有溫度嗎？是熱得發燙嗎？溫暖的？冷的或冰的呢？這些感覺被限制在某個特定區域嗎？還是像水一樣自由的四處流動？感覺起來是黏黏的、液態的、固態的、濃稠的、平淡的、甜膩的、抽動的或刺刺的？有任何顏色、形狀、聲音和這些感覺連結在一起嗎？是紅的、紫的、橘的、黃的或綠的？是黑的、白的或透明的？是圓的、方的、三角的、橢圓的或完全不同的形狀？這些感覺會唱歌、尖叫、發出嗡嗡聲或沉默無聲嗎？它們是害羞或充滿自信的？年輕或是上了年紀？

不要對在這裡的東西充滿把握，更不要裝懂。永遠把自己當成一個探索者。永遠和當下保持親密。給這些一直以來被拒絕、被忽視、無家可歸、不被愛的可憐小海浪充滿愛的關注，並意識到它們早就被容許出現在這裡了。你的本質已接納了它們，不論它們看來有多奇怪，多令人討厭。不管感覺多麼強烈，它們都不是你的敵人。

當你超越了帶有著沉重包袱的痛後，你在自己當中，在當下的經驗中找到什麼？你絕對找不到一個靜止不動，被稱作是痛的東西。痛苦從來都不是你體內的一個東西，它感覺起來是更有生氣的。當下的經驗比起敘述經驗的故事總是豐富許多。你從未發現實體；你發現到的是現在的感覺、形狀、質地、溫度等交互出現的，難以名狀的舞動。甚至我剛剛用的尖銳、柔軟、溫暖等那些字都只是描述，或許它們讓我們靠近了實際的經驗一點，但仍舊只是描述，不足以捕捉真正在發生的事。放開所有敘述，從那裡開始探索。

沒有了故事，你還能知道什麼是痛嗎？

我們還可以更深入下去。沒有了故事，你還能知道究竟是什麼感覺嗎？

沒有了故事，生命一片神祕，不是嗎？且即使在痛苦中，那神祕仍然存在。痛不會摧毀或阻擋神祕；它浸透在神祕之中。甚至，痛苦由神祕組成而來，由意識組成而來。每件事都由你的本質而來。

注意，超越故事之外，你不能說這些感覺是發生在「我的體內」。我們對現實的許多假設之一就是感覺發生在身體裡。但當我們回到當下，你能找到感覺應該發生在其中的個別肉體嗎？或者你只是找到當下感覺充滿活力的躍動，無形中鈴鈴作響的群體，發生在你不受限、無邊界的本質當中？「肉體」是否只是出現在你本質中的另一個想法、形象、照片、回憶？「我的肉體」這個想法和形象，能碰觸到活生生且即刻的當下經驗嗎？廣大的經驗能被簡化為一個想法嗎？

如果讓某人暫停手邊的事，閉上眼睛，去感受他的身體，去感受手臂、腿、腳、胸部、牙齒、舌頭，然後要他形容自己感受到了什麼，他幾乎無可避免的會告訴你一個關於身體的故事。他不是去感覺那些部位，探索它們，和它們變得親密，也不是放下對它們的敘述，發現自己與這些部位的不可分割。他會開始往記憶回想這些部位，他會迷失在回憶中對身體的印象與畫面，迷失在他的已知中，而不是給予身體最直接的關注，回到當下的感覺；他會思考和談論關於身體的事，而不是直接去體會當下的每件事。

你的右手現在感覺如何？

你腦裡是不是突然浮起右手的畫面，然後開始形容它？你是不是短暫感受到它後，便落入對感覺的概略描述？描述一個形象，比起用語言文字來形容腳、手臂和頭痛等感覺到的神祕感受簡單。誰真的能把頭痛的神祕用語言適切的表達出來呢？也許那正是我們為何那麼快就套用故事，因為故事較簡單，更安全。或許我們想給別人「正確的」答案，或許我們回到套用的故事，是為了找尋一致的自我。誰知道呢？

當我們請人們談談他們的病痛與不適，他們常常直接給你一個關於他們病痛的故事，而不是去感覺他們此刻正在經歷的疼痛。他們會把話題圍繞在痛的四周，卻不直接談它。他們會告訴你痛有多難熬、多難受，比起昨天是更好或更壞，他們有多沮喪，成為他們計畫中多大的阻礙，他們受到的照顧有多好或多糟等等。聊過去的痛苦、未來的痛苦、他們對痛苦的了解、拿自己的痛苦和別人的比較等故事，都是避免此刻感覺痛苦的好方法。

故事是對現實黯然失色的模仿，我則會說是「對慶典相形失色的模仿」。每個故事都是大量簡化；試圖把生命的奧祕簡化成幾句話。譬如說，你現在正坐在椅子上或躺在床上。「我正坐在椅子上」或「我正躺在床上」是你用來形容經驗的故事。放下它。此時此地，你究竟感覺到什麼？故事說身體躺著或坐著，但如果我們放下它，回到現在真正的感覺，這裡有什麼？在立即的當下正在發生什麼事？回到現在感覺的刺痛、溫度、跳動，這經驗真的能被文字和形象捕捉到嗎？

當我們回到當下，放下所有結論、故事，回到新生兒的無知重新開始探索，我們只會找到所有感覺的舞動從來都不是一樣的。真實遠比我們為它建構出的故事來得神祕而不可知。我們不去檢視對錯，便說：「感覺在體內發生。」在故事中，痛降臨在我身上，在我的體內發生；在真實中，奇妙且不停變化的感覺，在我的本質中不停舞動著。

事實上，感覺只在你的本質、覺知的空間中舞動。你不曾經歷感覺是在和外面相反的裡面吧？它們只是在這裡、在現在，活躍著。難道感覺「在我體內」不是只是一個後來附加的想法嗎？在當下的經驗中，你真的找得到分別體內和體外的界限、隔閡和分裂嗎？閉上眼睛，回到不受形狀限制的眾多感覺。你有一具軀體的念頭，不也只是出現在你本質中的另一個形象嗎？丟掉那個形象一下，回到真正的經驗，只有此刻的感覺，對吧？當我們丟棄感覺在體內發生的想法，便離現實更靠近了。

如今，既然想法在對立的世界裡掌權，一旦我們將此刻的感覺標籤成「痛」，想法立刻把痛和叫做「愉悅」或「不痛」的東西相比較。所以「痛」這個字本身就含有判斷的意思。痛現在是某些東西的反面，對很多人來說，它是各種負面的指涉：痛是不好的、危險的、邪惡的。痛是神給的懲罰，意味著我不被愛，意味著我很軟弱，意味著我失敗了。痛代表我出了某些問題。痛是很沉重的字。你可以說當我們喊痛的時候，我們便停止去看在那裡的究竟是什麼，並且進入形容的故事當中；你可以說，喊痛就是第一層的幻覺，藏在那字背後的是各種判斷、信念和恐懼。痛的標籤就是一種判斷和意見，不是存在你之外的其他東西。

第二層幻覺是對痛的擁有。於是，「痛」成了「我的痛」。（關於擁有者的幻覺也能用在其他感覺上，如「我的恐懼」、「我的悲傷」、「我的憤怒」、「我的厭倦」、「我的困惑」等等。）如同我們一開始所見，痛，我們稱之為痛的東西，只是一連串在我們本質中舞動的感覺。這些感覺那時還不屬於任何人。它們被生命所接納，和個人無關。人擁有知覺、聲音、感覺、呼吸嗎？人擁有鳥兒的鳴唱聲和太陽照在臉上的溫暖嗎？人擁有生命嗎？當你看進生命本質，你會發現沒有人可以擁有它，因為人和生命是不可分的。沒有人會回過頭來說：「那是我的。」擁有是第二層的幻覺。生命本身，包括看來最親密與個人的知覺，其實都不屬於任何人。

但我們從未質疑這件事，所以在我們了解以前，我們會說那是「我的痛苦」。當痛苦不被接納，我們跳進「我和我的痛苦」的故事中：「這是我的痛苦」、「我有痛苦」、「我在痛苦中」、「我是痛苦的人」。不管我們選擇哪個版本，那故事都成為我們新的認同。我們變成痛苦的受害者。這便是我們因痛苦而受苦的開始。

追尋機制始於對分離與擁有的幻覺，始於生命發生在你身上這個概念。事實上，這便是受苦這兩字的本義，「去承受或忍受」。這其中有種被動性，例如不能掌控、變成生命的受害者。但這種認為生命和痛苦發生在你身上的被動，是披著迷惑人外衣的幻覺。事實上，痛苦不是發生在你身上，不會發生在任何實體身上。它只是出現在你的本質中。痛苦不會攻擊你，只會在開放的空間中自由活動。認為痛苦發生在你身上，只是出現在你本質中的另一個念頭。在這層意義上，你可以說痛苦是真實的，但受苦只是個幻覺，你因相信痛苦發生在你身上而受苦，但事實上痛苦並不是發生在你身上。因為相信是「誰的痛苦」而產生的受苦，其實只是一個幻覺。

第三層幻覺是我們對逃避痛苦的嘗試。當我不能全然接納現在的痛苦，我便成了「痛苦之人」，於是追尋開始。我不想成為處在痛苦中的人，我想要逃離痛苦。我想要成為「沒有痛苦的人」，我不想變成痛苦的犧牲者。我想要有一個新的身分認同！於是痛苦的人開始尋找逃離受害的故事。

因為心智思想是二元性的，找到痛苦便創造一個相反的概念：沒有痛苦。然後它想離開痛苦（本質）前往不痛苦（非本質）。如我們先前得知，現實裡沒有對立面。此刻的經驗、跳動的知覺都沒有對立面。我們在追尋時真正想做的，就是移開現在的感覺，試圖離開現在的痛苦，到沒有痛苦的地方。很明顯，這是不可能的，因為逃離痛苦到沒有痛苦的地方需要時間。我想要立刻沒有痛苦，但生命不能給我現在想要的。我想要不花時間就從這裡到那裡。我想要從是到不是，從我是到我應該是，而那正是我受苦、挫折、絕望的原因。

受苦就是試圖做到不可能的事情，也正因此才會這麼苦。

我們相信痛苦、病痛、不適的消失就是治癒，但真正的治癒和逃離這些經驗無關。你真正想要的治癒是對痛苦完全的接納，並不再有幻覺；你真正需要的治癒是你把自己視為痛苦受害者身分認同的治癒。我們不是真的想從痛苦中解脫，而是想從自己是「在痛苦中的人」的形象中解脫；我們不是真的想從痛苦中解脫，而是想在痛苦中找到完全的接納。

發現自己並非一段受苦者的故事，而是一個容許痛苦自由來去的空間，才是真正的療癒，身分認同的療癒超越治癒身體的重要性。

承受許多痛苦的人常說：「我感覺我的身體在和我對抗。」但當你發現自己的本質後，你知道你的身體不可能會對付你。幾年前，我身體某個非常敏感的部位必須開刀，手術後我非常痛苦的躺在床上休養了幾個禮拜。那是很尖銳的刺痛感，常痛到讓我流眼淚。那些日子裡，身為聰明的人類，我知道去經歷多於必須經歷的痛苦是沒有必要的。認為自己受的苦越多就越靠近自由，是我們學到的另一個靈性概念。但事實上，受苦並不是通往未來自由的途徑；受苦是在邀請你回到存於此刻的自由。於是，十分自然的，我要求減輕痛苦的藥。醫生給了我嗎啡，嗎啡也確實幫上了忙，但是痛苦仍然在那兒。

人們常問我：「傑夫，如果你真的能容許任何事，包括痛苦在內，那麼你為什麼還要用止痛藥？」我答：「每件事都被容許，包括止痛藥在內。」止痛藥也是生命的一部分。對我來說，去經歷多於所需的痛苦似乎並不聰明。當然，如果你選擇不吃止痛藥，也是能被接受的。

到頭來，不管吃不吃止痛藥都不能使我們得到真正的渴望，以及本書真正要談的治癒。止痛藥也許能減輕肉體上的痛，但生命中真正的痛在於受苦、追尋、認同和想掌控現在的意圖。而那沒有特效藥可治，也沒有神奇小藥丸能結束你的追尋。如果有的話，靈性大師和心理治療師多年前就該找不到工作了。

這本書是一本談論關於那種任何人或物質都無法給你的療癒，也就是你本質上的完整。藥能麻痺我們的知覺和感受，改變腦中的化學物質，也能讓我們很亢奮，但它不能給我們完整，也不能為我們帶來接納。或許藥可以讓你舒服一點，但不能把你從想像的故事中喚醒。

在最極端的痛苦中，能找到對生命的完全接納嗎？許多年前我躺在床上的時候，劇烈痛楚穿透我的敏感部位，我發現，在最深層的意義上，痛苦是可以被接受的。那是切中受苦核心，令人驚奇不已的了悟。痛苦不是敵人，只是生命的一種表現形式；超越故事的敘述，只是不斷變化的感覺。痛苦不是對生命的阻礙，在我感受到的那一刻，它就是生命。痛苦不在生命中，它就是生命完整的表現。痛苦是活生生的，是以痛苦浪潮形式出現的海洋。痛苦仍然讓我痛，我不用去否認或假裝。它仍讓我痛，但我不是「被痛苦傷害的人」，雖讓人難以理解，但它傷不了我。當它出現在那裡時，它就被容許存在了。它出自於我。

意識到完全接納廣大無邊的包容性與包羅萬象的特質讓人相當震驚。痛苦是可以被接受的，而同樣能夠被接受的是，我，傑夫，不希望痛苦出現的這個想法。我認為靈性追尋者有一個很大的誤解是，他們認為自己必須能接受所有發生的事。相信我們永遠都得接受每件事是多大的負擔啊——即使是在你做不到的時候，你還必須要假裝！像我說過的，完全的接納不需要你去接受痛苦，你對痛苦的厭惡仍然被生命擁抱。真正的接納裡沒有「你」。是超越「我可以」和「我不行」，如宇宙一般廣大無垠的接納。

所以痛苦在那裡，而同樣能出現的，是對痛苦的厭惡與不喜歡。這是一個解脫和啟示，讓我們能躺在床上且不需努力維持自我形象，不管是維持能接受痛苦的形象，或甚至是維持我已開悟或已覺醒的形象。在經歷這麼多年的靈性迴避、佯裝和否認後，我終於能再度隨心所欲的以真實、誠實及充滿人性的方式回應痛苦。我能自在的說：「我不喜歡這痛苦。」承認我對痛苦的反感，並且在更深的層次上，經歷對整個情況更完全的接納。每件事之下，都存有永遠不會消失的接納。

這不是當我不能接受時，還告訴自己我能接受；也不是假裝我能接受；更不是試著去接受——試著去變得有靈性、試著平靜、試著去做任何我本質以外的事。這是關於徹底的誠實，看到痛苦、承認痛苦，並發現它被生命完全接納。承認痛苦存在的同時，也承受了痛苦。所以，痛苦在這，而且傑夫並不特別喜歡它。畢竟，誰會喜歡痛苦呢？如果能選擇，誰會選擇痛苦呢？

痛苦是一位好老師，因為它最後讓我們看到，在當下，你是沒有選擇的。你無法掌控。「不要從我的意思，只要從你的意思。」如同耶穌所說。解放就在這裡。

痛苦被擁抱，試著逃避痛苦又失敗的人們也被擁抱，想要尋求免於痛苦的追尋者也同樣被擁抱。那麼問題在哪兒？在痛苦和不適中，我都一樣完整，我都早被徹底、超越理解的治癒。從「我是處於痛苦之人」的重擔中，從敘說「過去和未來痛苦」的故事中，從痛苦發生在我身上的幻覺中被治癒。治癒不代表痛苦立刻消失，但它變得次要。這永恆常在的治癒是我一直在找尋的。

「因祂的傷口，我們被治癒。」聖經如是說。因我的傷口，我被治癒了。治癒，換句話說，完整和我們不斷追尋的家，不在他方，就在這裡、在傷口裡、在痛苦中、在我們拼命想逃避的經驗中——這是驚人的了悟。答案就在我們想逃避的東西中。我們不是從痛苦中被治癒；而是在痛苦中，我們早就被治癒了。

你甚至可以說是痛苦治癒了我們。痛苦將我們的注意力導回此時此刻，導回所有經驗自由來去時擁抱它們的廣闊空間。它讓我們重新正視沒有人在痛苦中的事實，有的只是痛苦出現在我本質內。因此，痛苦把你從自詡受害者的角色、對掌控的執迷中解救出來，讓你回到現在，回到你真正的家。痛苦說：「不論你怎麼想，我已被容許出現在這裡，被容許進入你的本質。我已經在這，你無法抗拒。但不用害怕，我由你而來，不可能破壞你的本質。」

沒錯，以一種我們永遠不會懂的方式，痛苦將我們從痛苦中治癒。療癒就藏在我們試著逃避的一切裡頭。悲傷把你從悲傷中治癒，恐懼將你從恐懼中治癒，憤怒亦是如此。在最強烈的恐懼中，沒有人真的處在恐懼裡，也沒有恐懼的人，因為那些感覺就是我們本身，不可分割。在精神痛苦中，在最折磨人的肉體痛苦中，存在著療癒。或許所有的宗教和靈性教導最後都指向這個真理。

完全的接納顛覆了我們對痛苦的態度，和痛苦的關係及對痛苦的害怕。突然間，不管有多痛的痛苦，都不再是敵人了。它是指引我們回到此刻，回到本質，摧毀我們錯誤自我認知的路標。不知何故，痛苦是有憐憫心的，它摧毀我們所有的幻覺，不真實的事物無法存活於它猛烈的愛中。

◆痛苦與時間

伴隨著肉體痛楚出現，能把你淹沒的心理反應，往往是關於未來會發生什麼的各種臆測，因而帶來壓力、害怕、緊張、焦慮。我感到痛苦（或害怕或悲傷，或任何不舒服的感覺），我開始擔心這痛會持續多久，會不會結束，何時會結束，是否會變得更糟。我下半輩子都會這麼痛嗎？是像現在這麼痛，還是會更痛？萬一我受不了的話？萬一我因這痛而死？要是……？

心智似乎總是把事情想得比實際更糟。你總會發現你對現實的描述比現實本身更糟。在現實中，你只需要應付痛苦的此刻，只有現在。在故事中，你必須應付隨時間變化的痛苦，包含過去的和未來的痛苦！你甚至可能說服自己必須應付一生的痛苦，光想就令人難以承受。不誇張的說，那是心智創造出來的地獄。但事實上，生命總是寬宏大量；它只會給你現在，你不可能直接經歷痛苦的一生。事實上，沒有所謂的總是、永遠或永不停止。地獄只是心智的產物，別無其他。

想想你坐飛機遇到亂流的時候。當你開始想像亂流太嚴重可能導致墜機時，你出現很大的壓力反應。思想善於勾勒未來可能發生的災難。但這情況中的真實是什麼？是飛機正經過一些強勁的氣流，因此你被拋來拋去。那是現實——你正在座位上被晃得暈頭轉向，那是發生的一切。但思想活在時間中，於是它說：「嗯，現在還好，但等一下就不好了。此刻還撐得住，我也還活著，但等等就快撐不住，我就要死了。這亂流會變得越來越強。」然後，為了回應這個故事，噁心、缺氧、胸悶、喉頭緊和心悸都可能出現。別忘了，身體無法分辨真的和想像出來的威脅。巨大的恐懼出現，彷彿事情還會變得更糟。身體預備了打或逃的反應，甚至如果墜機，它也已預備好死亡。

於是當機長冷靜的駕駛飛機時，你已預備好等死。機長已經歷像這樣的亂流上百次，對他來說沒什麼。真正的亂流在你的想法中。在你的想像裡，你正坐在一架已經墜毀的飛機上！在你的想像裡，你已經經歷了不可避免的墜機事件。

你可能會說：「有可能墜機啊，所以我不是完全瘋了！」然後我回答：「沒錯，但飛機還沒墜毀。」只要你想著它可能發生，就表示它還沒發生。現在，你最深的恐懼尚未成真。在此刻，它還沒發生。事實上，我們所經歷的狀況，從未抵達心智如此害怕、承受不住的那一刻。有的只是承受不住的恐懼，但那時刻從未到來。

如果事情真的令人無法承受，如果痛苦真的超過身體能忍受的極限，如果憤怒和恐懼真的要把你淹沒，如果悲傷真的要把你撕裂，你會不省人事。只要你還清醒，你已在承受發生的事了，即便你認為或感覺它是難以承受的。沒有所謂的不能承受的痛苦。就像意識本身，如果它現在正在發生，你便已承載它，和海洋承載每道浪一樣，不管那浪感覺起來有多難以承受。

你可以覺得難以承受——覺得你要死了，覺得沒辦法處理，覺得被淹沒了，面對事情時覺得無望和無助——但你不可能是那件承受不住的事。我們說過，身為開放空間，你不可能是無望的，無助的，被淹沒的，因為你的本質可以容納最波濤洶湧的感覺。你可以覺得處理不了，但你一直都在處理，包括現在，而且你也永遠只能處理當下的事。你可以覺得你要死了，但你仍活得好好的。身為覺知空間，你已在處理正出現在腦海中的想法，否則那些東西就不會出現。如果那感覺真的令人無法承受，如果生命真的承受不了發生的事，你根本不會知道。

明白這些可以移除我們對生命的基本恐懼。你絕不會抵達承受不住的那一刻，就像浪永遠到不了岸邊，因為當它到岸邊，它已不再是一道浪。這便是為什麼從來沒有人經歷過死亡，死亡不會是「你」有的經驗；而浪也不能經歷自己的消失。到最後，你會發現沒有什麼事情好怕，即使你正感到強烈的恐懼。

「我做不到。我受不了。那對我來說太多了。那會殺了我。」這些都只是對未被接納的恐懼而做出的激烈表達。「它難以承受」指的不是你承受不了這痛苦，而「有人會承受不住」也並非你的本質。你覺得自己承受不了，但那樣的恐懼無法定義你。事實是你在有那感覺時便已經在承受了，但同時，你會有一種覺得難以承受的深層恐懼——怕自己沒有足夠的力量，覺得自己太弱而承受不起。但在全然的接納中，所有這些感覺的浪潮都被容許出現。痛苦和覺得承受不住痛苦的恐懼都已經被接納，而你同時完美的承載這兩者。也不是那麼難以承受，對吧？

你永遠不會面對到承受不起的事。就算你覺得無法掌控好生命，它也不會給你處理不了的難題。因為你就是生命，生命不是你的敵人。記住，不管發生什麼，你的本質已經接納它了，所以它才會在這裡。你永遠都不需要面對沒有被接納的事。你永遠不需要面對接受不了的事，不需要承受承擔不起的事。

只有在你開始把此刻和未來相比時，苦難才真正開始。「我現在還能承受，但等一下就受不了了。現在還可以，等一下就不行了。現在的亂流還小，但等一下就會很嚴重。」我們讓此刻的亂流超越了它們實際上的嚴重性。

亂流可能會更糟。但將不可承受和拿現在跟之前或未來比較的種種故事去掉之後，你會發現完全的接納仍在原地。不論發生什麼，它從未消失。你的本質永遠在當下。就算在你最深的恐懼中，完全的接納仍在那裡，等著你去發現。

然而現實中，我們也只有現在。未來從不曾到來，不是嗎？未來只存在於故事裡，在我們對這故事的反應裡。當可怕的未來來臨時，它就只是現在、當下而已。經驗會在此時此地，在我身為空間的本質中發生。我知道沒有任何事能摧毀我的本質，所以讓亂流來吧。我不知道它會來，我也沒說想要它來，更沒說我喜歡它來。但它還是來了，就讓它來吧，然後在它面前，我仍然知道自己是容許所有生命經驗發生的廣闊空間。我是暴風雨之中的寧靜，我不和它對抗；我是容許暴風雨經過的開放空間。我不怕它，不是因為我強壯或勇敢，而是因為我知道暴風雨就是我。它威脅不到我，所以如果它要來，就讓它來吧。

於是面對未來我不再戰戰兢兢，而開始能放鬆的面對生命，讓它自然呈現，即使顯露出來的可能是痛苦。身為痛苦升起之處，我比痛苦巨大，也比任何恐懼還廣。我是如此開放無邊，永遠有位置留給每個想法、聲音、感覺。

事實上，戰戰兢兢面對痛苦，反而會放大痛苦。我全身都因為試圖逃避現在的痛苦和預測未來的痛苦，而緊繃起來，這反而讓痛苦更難受。逃避痛苦反而擴大了痛苦。當我們不再戰戰兢兢，而在痛苦當中放鬆；當我們不再將痛苦視為敵人，而在它當中找到全然的接納，我們會發現療癒其實一直近在咫尺。我們仍能盡力治癒身體上的痛苦，但，如同我們看到的，真正的療癒和肉體無關。肉體只是被拋來拋去，但你是亂流中的空間，是暴風雨中平靜無波的海洋，你早已完整，早已痊癒。

◆受害者身分

很多我認識的人，在某種程度上都視自己為生命的受害者。我知道我大半輩子都覺得自己像個受害者。如果你成長在一個有宗教信仰的家庭，你可能聽過你的痛苦（或悲傷、害怕，或其他讓你難受的感覺、情緒）是神對你的懲罰或試煉，或是聽說過你因為這輩子或上輩子是個罪人所以被懲罰。或者你相信你是因為因果輪迴的報應、因為禱告得不夠，或者因為被詛咒了等更糟的原因，所以經歷到痛苦。我遇見很多靈性追尋者學了新時代的理念，說他們因為不夠處在當下，不夠正向，沒有正確的實行靈修或徹底遵循大師的教導，所以才會生病。基本上，他們相信自己在某些部分未能控制生命，於是內心深處認為自己必須為現在的痛苦負起責任。

或許我們捏造這些故事，是因為我們不想面對生命超出掌控的這個事實。或許編一個關於我們無能掌控生命的故事，都比面對事實來得容易！「如果我夠認真禱告，這就不會發生了」、「如果我正向一點，多把握當下一點，多愛一點，這就不會發生了」、「如果我把自己更完全的交給大師，這就不會發生了」但這些，你當時都不會知道。我看過很多身處痛苦中的人，他們因聽信二手、未受檢驗過的概念而猛烈抨擊自己。

痛苦和病痛往往妨礙了我們的計畫。我們籌劃了一個重要的商務會議或派對，或去參加一場靜修；我們計畫要變得成功或環遊世界。我們計畫要狂歡，我們計畫不能生病，但現在我躺在床上，因痛苦而不能做任何事。感覺起來真的很像病痛妨礙了「我的生命」，讓我不能做我想做的，不能看我想看的，不能去我想去的地方。痛苦不能威脅生命本身，但痛苦看來似乎像是我生命中的一道威脅。換句話說，它威脅到我的計畫、我是誰、我想做什麼、我想去哪裡、我在世上的角色等故事。或許我們所有受的苦，都只是對那該死計畫無法實現的哀傷。

很多人說他們生病時最難應付的感覺是覺得自己錯過生命，特別是必須整天臥病在床時。他們感到從生命當中抽離，像是被拋棄的人，自己的存在變得多餘。每個「在外面世界」的人都很開心的在生活，追尋並找到他們想追求的；但我在這裡，被關在牢房，不能去想去的地方，不能繼續我的追尋。我們常把痛苦、病痛和不完整的感覺，如感覺多餘、沒人愛、被生命放棄等連結在一起。生命為什麼要這樣對我？為什麼要給我這樣的痛苦？它一定不愛我。生命似乎偏愛健康的人，所以當我處在病痛和痛苦中，我便感覺被拋棄，這是自古以來的迷信。

但事實是你既不可能更接近生命，也不可能更遠離生命。活著的感覺不會更多，但也不會變少。你不會被生命拋棄。因為你就是生命，所以現在生命就在你的痛苦和病痛中。你不會因為感到痛苦，就變得比較不完整，或不被生命喜愛。你仍是能容納每件事自由來去的空間；痛苦不能將你的本質帶走。你的本質不會生病也不會被毀壞。會被毀壞的只有故事；會感到「生病」的只有身分認同。關於自己的想法，關於什麼該不該發生的觀念，是會二元對立的，但你的本質永遠合一。

這就是重點所在：痛苦和疾病粉碎了我們為了想控制生命，所建構出來的故事。當我們因痛苦和疾病受苦時，其實我們真正在做的是，哀悼我們以為自己應該完成卻又未達成的夢想。沒有了過去該發生什麼、現在該怎麼辦、未來該變得怎麼樣的故事，有的只是本質，我們唯一必須面對的是生命中此刻不停變化的景色。我們不會知道此刻是不是它應該出現的樣子，我們不會知道生命是否已經偏離了宇宙的腳本。事實上，我們根本不知道宇宙到底有沒有腳本。

超越了生病，超越了生命沒有如我的計畫進行，超越了什麼該做，什麼不該做的故事，我現在就在這裡呼吸著，心臟跳動著，聽到聲音，各種想法感覺都在跳舞。也許有點痛，有點怕，感覺沒人愛、沒人要、沒希望、脆弱、精疲力盡和孤單。誰能知道下個經驗是什麼？重要的是發現它們全都被容許進入這空間。不論此刻發生什麼事、經驗到什麼感覺，即使我覺得現在接受不了，但它們仍被我的本質所接納。是我讓它們進來，是我對它們說：「請進。」生命的閘門永遠敞開。所以當我回到此刻，即使我覺得現在多難承受，但最終沒有承受不了的時候，就像海洋沒有承載不住的浪。我的本質擁抱、容許、承認全部。即使在病痛中，超越各種理解的平靜仍在這裡。

「就像沒有時間，只有現在；沒有無，只有全部和一切一樣。從來也沒有得，雖然遊戲的熱情在於假裝有得有失。」

艾倫・瓦茲

2-2

愛、關係和徹底的誠實

「你的任務不是去找愛，而是找到你建構在自己體內、反對愛的所有障礙物。」

——魯米

◆關係的由來

在一次靜修中，一個年輕女人跟我說：「傑夫，這些關於完整、完全接納和沒有固定自我的說法真的很美也發人深省，但我真正有興趣的是，為什麼我在關係中仍有那麼多衝突。」這真是一個好問題，我們一直以來都在談靈性覺醒和人際關係的關聯性。當我們從分離的夢境中覺醒，關係還重要，或者相關嗎？如果沒有分離的自我，如果我只是生命在其中發生的開放空間，我們熟知的關係還「可能」發生嗎？開放空間能和開放空間產生關係嗎？

靜修快結束時，同樣的女人再度來跟我說：「傑夫，我懂了。我在找的不是靈性智慧，不是物質上的富有，也不是名聲或成功。我現在了解實際上我和其他人尋求的是同樣的事物，我在尋找愛情，找一個愛我、讓我變得完整，讓我感到自己是完整的伴侶。而且我了解到那和驅使人們去住在印度的修道所，一天冥想二十小時，為了難以捉摸的升遷，或為買跑車而死命工作等，是一樣的追尋。我現在看見我們全都一起在這場追逐遊戲中。我們都想尋求完整，只是用了不一樣的方法。要對自己承認這些事，其實非常難堪。」

在人類大半的歷史中，傳統的宗教結構提供我們相當程度的安全感和歸屬感，也幫助我們處理內在的空虛。過去不論發生什麼，我們總是能向聖經、部落長老、神父、拉比、靈性大師、更有權威的人士尋求安慰、意義、觀點和智慧。我們可以指著古籍的一段文字說：「這教你怎麼活出生命。」或「這告訴了你生命中最重要的事。」如今，我們的個人財產、事業、銀行帳戶、公司、股票市場成為我們新的神。有更多人視自己為無神論者、不可知論者、人本主義者、理性主義者、懷疑論者、世俗主義者，或是「具精神性而非宗教性的人」。很多人只相信被「科學驗證」過的事，但科學和發現我們的本質根本沾不上邊，每個科學性的答案只導出上千個新的問題。更別提近年來，我們已開始對金融機構、銀行、企業和政府喪失信心。

因此談到能宣洩追尋能量的管道時，對很多人來說只剩下戀愛關係可以選擇而已。世上所有的錢都不能使我完整；教會、猶太教堂、廟宇或清真寺都不能再提供我渴望的釋放；科學根本不能滿足我最深的渴望。但我還沒失去一切，還能透過另一個人讓我變得完整。我會找到那個特別的人、我的另一半、我的伴侶、我的同伴，我會把他（她）留在身邊，然後下半輩子無論是健康或生病，我都能被關愛著。我會變得完整。從另一個人而來的愛會帶走空虛、疾病、不足，還有我心靈深處對家的渴望，從其而來的愛也會治癒我無窮盡的寂寞。

沒錯，我們向彼此尋求陪伴、快樂和繁衍下一代，但更重要的是，尋求完整。而對愛情能將我們從自身中解救出來的期望，正是造成這麼多快樂和悲傷的原因。

◆尋找對的人

打開收音機，追尋者的渴望吼向你：「你讓我完整。你永遠在我身邊。我不能沒有你。沒有你，我什麼都不是。你就是我一直在等待的人……。」我們談到找到「對的人」，的確，那是追尋者一直在找的東西——超越無數表象的合一生命。但我們真的能在另一個人身上找到合一嗎？另一個人真的能永遠給我們想要的完整嗎？還是那樣的要求太多了呢？對於對方來說，那會不會是個太沉重的負擔？

我遇到很多人，當他們沒有談戀愛時，就會感到寂寞、不完整、孤身一人。我記得以前我覺得自己好像有嚴重的毛病，因為我沒有可以「和她分享我生命」的女朋友。我環顧四周，看到那些幸福發光的人們，那些相愛、滿足的情侶，那些從未覺得寂寞的人們，然後我渴望得到他們似乎已經擁有的東西。我覺得我生命少了某些東西。唉，又是追尋者的聲音！「缺少……」，缺少慧根、缺少愛、缺少成功、缺少快樂、缺少平靜等等。追尋者住在「缺少……」的世界中，總是少了什麼，於是他往外面世界尋找，看到別人有他所缺乏的。當我們開始和別人比較時，自卑感和嫉妒便升起。

感情的追尋者，執迷於找到那唯一一個「對的人」，能使他們完整並終結他們對愛的追尋。在尋求的過程中，從一段感情移到下一段，就像執迷於悟道靈性的追尋者，在追逐的過程中，從一個大師換到另一個大師。但一個接著一個的大師都令他們失望，直到他們停下來思考前，或許他們無止盡的追尋正將他們帶往距離開悟更遠的地方。或許正是他們對開悟的尋求，阻止了他們明瞭開悟一直以來都存於此刻。

或許我們透過感情讓自己更完整的渴求，到頭來卻降低了關係中的親密感。想像一下為了找到一件能使他們完整的藝術品，而參觀過世界上每間藝廊、每個展覽、每間博物館的人，他們不知道那件藝術品看起來如何，不知道什麼時候會找到，在什麼情況下找到，或當他們遇見那件藝術品時，要怎麼確定它就是答案？他們只知道必須要找到那件完整的藝術品，他們的尋求很急迫。於是他們經過一幅又一幅圖畫，一尊又一尊塑像，卻沒有真正看見他們眼前的事物，因為他們太忙於尋找「對的」。所有他們經過的圖畫都有點不夠好、不夠美麗、不夠神奇、不夠精采。那些圖畫變成只是為了達到目的的手段，和那能帶來完整性的「對的」相比，它們都顯得有點不夠完整。

於是理所當然的，他們從未找到「對的」，因為這種「對的」根本不存在。「對的」在哪裡？它就在他們經過、忽視、不加考慮的每幅圖畫中，就在他們想找到的追尋中。「對的」並不是一張畫，它就在所有的圖畫中。「對的」隱藏在眾多之中，就像海在所有的浪中，絕無例外。

你看，我們尋求的愛不在任何人之內，就如同靈性覺醒也不在任何大師之中一樣。我們尋求的愛俯拾即是，但我們因忙於尋找它，而略過了它。在多瑪斯福音中，耶穌被問到：「天國何時來臨？」他回答：「它不會因尋求而來，無法說：『看，它在這裡。』或『看，它在那裡。』其實，天國遍布在地上，而人們卻看不見它。」

我們所愛的已遍布在地上，只是我們沒看見而已。

◆墜入愛河

你可能曾經墜入愛河。突然間，另一個人的存在（或是一件藝術品、一朵花、一首樂曲、一片夕陽，你可以因各種方式而墜入愛河），讓你只感覺到驚奇、陶醉、敬畏。過去和未來消失了，時間的幻象瓦解了，只剩下本質——那是無法形容的奇蹟。你清楚看見在你面前的是誰、是什麼，感覺好像你終於找到自己一直在尋找的，感覺好像回到了家，彷彿你體內的某些東西終於平息下來。

但事實上，你並沒有找到愛。從未有人找到過愛——這聽起來愛像是打從一開始就會消失的東西一樣。有那麼一瞬間，你並不是真的找到你在尋求的，而是你對愛的追尋消失了。不是追尋者找到愛，而是追尋者消失了！追尋告一段落，你短暫的停止尋找愛，於是一直都在的愛因此現身。突然間，追尋者消失了，也沒有了讓人追尋的時間。

突然間，沒有人和生命分離，有的只是充滿神祕、奇妙、永恆、簡單的生命。

當我們與他人之間的隔閡消失後，愛和其他字都一樣好。愛指向雖然一直都在，卻很少被注意到的與此刻的親密。

分離的幻覺始於思想說：「我愛你。」換句話說就是，我，這個個別的人，愛你，另一個個別的人。你給了我夢寐以求的愛，完成了我對愛的追尋，你就是我追尋旅程的終點。象徵你追尋終點的那個人出現時，你像快要被強烈的感覺淹沒，像是直接面對上帝。難怪當你談戀愛時，你會拜倒在愛人的石榴裙下，或全心遵從靈性大師；難怪你有時候抵擋不住他們的魅力，好像他們對你有什麼神奇的力量。你無意識的投射他們沒有的力量在他們身上。

「我」不是愛上「你」。當分別「你」、「我」的幻象消失，那才是愛。那就是為什麼我們說墜入情網的原因。分離的幻象消失了，剩下的只有一直都在的愛，卻似乎因我們急於追尋更多而被忽視。

沒有兩個人愛上對方這種事。愛是不再分別「你」、「我」，是分離幻象的消散。

一旦我相信有人可以讓我變得完整，我便開始想守住他們，擁有他們，佔有他們，把他們留在我身邊。當我忘了愛一直都在，我的本質就是愛，而落入相信愛是要在另一個人身上才能找到的幻象時，我便想把對方變成「我的」。關係中大部分的衝突都可以追溯到關於所有權的幻象：「你屬於我。你是我的。我的女朋友、我的男朋友、我的丈夫、我的妻子、我的伴侶、我的朋友。我希望你一直都是我的，沒有了你，我什麼都不是。」

真的有人有能力讓你變得完整嗎？真的有人有你追求的完整嗎？真的有人能給你愛嗎？還是事實上，你想從他人身上尋求的愛——那完全的接納，就是你的本質呢？你是不是千方百計，只為了找到自己呢？

實際上，真的有人是屬於我的嗎？你真的能佔有另一個人嗎？我的這個字有指涉到任何實體嗎？或只不過是腦海中浮現的一個想法？當然，相信有一個能使你完整的真命天子存在，這個想法並沒有什麼不對。如果那讓你快樂，那便是值得不斷傳述的美麗故事。但問題是：當你嘗試想留住某些人，你便無法避免開始操縱他們。當你向另一些人尋求愛、認同、接納、讚美或甚至理解時，不論他們是誰，你必然會開始說些或做些事去取悅、影響和控制他們，贏得他們的歡心，把他們留在身邊，讓他們離不開你。這麼做都是因為你害怕失去，害怕孤單和害怕再次不完整。操縱造成了你，和你試圖控制的人的痛苦。

在追尋的過程中，當我們試圖抓住愛的人時，我們的愛就變得有條件。我們忘了愛本無條件，就像海洋無條件擁抱海浪一樣。我們忘了我們的本質，然後開始向外尋求愛；我們忘了愛從來都不是被操縱出來的。它不會被弄丟，也不會被找到，因為它一直都在。

你可能沒有在追求開悟、財富、名聲、成功，但在追尋愛的路上，你如何緊抓住、操縱或試圖改變另一個人呢？你的追尋如何導致親密關係中的衝突？在你在乎的人面前，出於怕被拒絕、怕失去他們，你如何忍住不表現自己真正的樣子呢？如果你在親密關係中有摩擦發生，很有可能你在尋找對方給不了你的東西。讓我們繼續往下看。

◆權力遊戲

很多課程、書籍、心靈導師、關係治療師和人生教練試圖教你如何擁有更好、更快樂、更長久、更豐富，最重要的是更誠實的關係。但一直到我們弄懂關係出了什麼事，了解什麼是追尋機制，認出最早造成我們不誠實和不能連結的原因之前，我們是不可能完全誠實的，我們只是假裝誠實。讓我們來看看什麼是真正的誠實，以及誠實和我們的追尋又有何關係。

當被問到什麼是關係中最重要的事時，很多人都會說是誠實。告訴別人你真正的想法和感覺，互動時不假裝、不掩飾缺點、完全人性化都被視為是最健康的生活方式。但我認為當我們在追尋時，不論我們多努力嘗試，還是不可能完全誠實。

你想向你的伴侶、朋友、爸媽說實話，承認你最真實的一面嗎？非常好。當你想向他們尋求，不管是愛、認同、接納、安全感，或只是希望他們覺得你很好時，你就會害怕失去。簡單的說，只要當你在尋求，就算你不自知，也永遠免不了對對方或自己玩些小手段。你偷偷修正行為、改變談話內容、隱藏真正的感覺，小心翼翼只為了確保他們持續給你你想要的東西。你隱藏真正的想法、感覺，只為了不想失去讓自己他們，不想失去讓自己變完整的可能性。你開始表演，開始疏離，你所連結的是，將你的故事形象連結到另一個人所塑造出的故事形象上，而不是開放空間到開放空間，於是你們的關係最後變得不完整也無法令人滿足。

這聽起來很戲劇化，你可能會回應：「才不是，那聽起來太誇大了。我不覺得我在我的伴侶身上找完整。我沒有在演戲，我只是做自己！」但那追尋可以發生在很細微的地方，就算你沒察覺，不代表它不存在。重點是，我們無法直接經歷我們對愛的追尋，只能經歷它的副作用——也就是關係中的緊張、對伴侶的不誠實、憤怒或挫折，挑剔對方不是你想要，或你認為他們應該要有的樣子。追尋常以抽離的形式出現，抽離其他人，抽離生命本身。事實是，如果你正經歷關係中的衝突，你可能正在向你的伴侶、朋友、爸媽、姊妹、小孩、老闆、治療師，或老師等尋求某些東西而不自知。誠實面對你在追尋的東西是關鍵，這誠實從你開始，也由你結束。

追尋總是導致某種衝突，因為最終，你找的東西沒人能給你。不自覺的給予別人能使你完整的力量是所有麻煩的開端。沒人能使你完整，因為你在找的力量——完整、交流、親密的力量，都不在別人身上。你真正在找的是與生命本身的交流，你真正渴望的是與自身經驗的親密——就是對每個想法、感覺的全然接納。而它們就在你之內。

心靈深處，你真正渴望的是你自己——不是心智版本的敘述故事，而是你身為能容納所有生命的廣大空間，超越所有故事的真正自己。你只是在尋找你一直都在的本質。但你卻視而不見，走向外在世界，企圖從另一個人身上找到完整。

一旦你賦予別人使你完整的力量，一旦你將你的力量拱手讓人（雖然說到底那不算你的，但現在這樣形容能幫助我們了解），你同時已不自覺的賦予他們隨時把完整拿走的力量。

如果你使我完整，你也隨時都能拿走完整。如果你給我愛的能力，你也有拿走愛的能力。這便是我們開始和別人玩起的心理遊戲。

當你賦予別人給你愛和收回愛的力量，當你把他們變成大師（每個追尋者都有個大師，我晚點會解釋），某種程度上，你也開始害怕他們，因為他們現在隨時都有讓你回到不完整、拒絕你、讓你感到不被愛與不被接納，讓你覺得自己什麼都不是的能力。於是在他們身邊時，你開始覺得必須小心翼翼。不能使他們心煩，不然他們會收回完整。

這個不能說，那個不能提，躡手躡腳的做這件事，假裝那件事沒發生過，不能太隨意表達自己的意見，要說他們想聽的話，謹慎的說合宜的話。或者，你覺得需要有掌控他們的權利。透過表現你的長處、聰明、性感、優勢，你留得住他們。不管你的尋求是以被動或支配的方式、以自卑感或優越感展現，目的都是一樣：不要完全的揭露自己。忍住。不再承認你真正的感覺，你開始維持一個能取悅他們、撫慰他們、控制他們的形象。不再承認你的本質，活得一點都不像自己。

這個權力變化解釋了為什麼很多人的關係變化如此戲劇性，似乎突然間就這樣發生了。多麼快就能從「我愛你！你完整了我！」變成「就是這樣！我恨你！我要離開你！」有時甚至只是短暫的片刻之間，一眨眼的時間，和平就轉成戰爭。發生什麼事了？人性真的這麼不理智且一觸即發嗎？還是有什麼不對勁在更深處的地方？為何關係這麼容易就變成兩個人捍衛自己生命的戰場？

人們說我們傷害我們愛的人，這麼做是因為我們想從「所愛之人」身上得到的有那麼多，若他們不給，或把我們期望的愛收回去，我們會非常受傷。你一生的摯愛轉眼間就能變成你最大的敵人。在最親密的關係中，我們會感到最大的痛苦。親密和痛苦似乎總是緊密相連，這是有道理的，我們想從他身上尋求最多的人，似乎有能力傷我們最深。但，是我們在尋求的過程中不自覺的給了他們能力，如果我們不賦予，他們就沒有這種力量。追尋時，我們讓別人在我們的世界裡變得舉足輕重，然後我們成為那力量的奴隸。

愛若是有條件，基於追尋、佔有、只想得到我想要的東西、避免失去我已有的東西，很容易就會變成令人挫折，使人產生侵略，甚至是情緒或肢體上的暴力。當我得不到想要的東西，當我相信會使我完整的東西被剝奪了，衝突也因此而產生。這種有條件的愛，永遠都給不了我真正渴望的。

無條件的愛存在嗎？不需要從你身上得到我想要的東西，這種愛存在嗎？徹底開放不需任何回報的愛存在嗎？有不怕被傷害的愛嗎？有不需要你做任何改變的愛嗎？有愛你現在本質的愛嗎？有超越我們自我形象的愛嗎？

◆衝突就是邀請

就像靈性導師蘭達斯曾說的：「如果你認為自己已經開悟了，回去和家人相處一個星期。」和你親近的人、和你相處已久，有一段複雜歷史的人在一起，一定會激出所有在當下沒被你完全接納的經驗浪潮，也就是不被你視為海洋一部分的浪潮。不被視為已被全然接納的浪潮必將被帶上親密關係的表面，你爸媽可能會激出你從童年時期就不曾顯露，一生都在迴避的浪；你的老闆或同事必然會因批評你的能力和技術而惹你生氣；你的靈性導師會逼你去面對你仍緊抓不放，仍在捍衛，卻又不正確且過時的自我形象。人們總會迫使你面對被你拒絕的浪潮，你也可能不喜歡看到或感受到它們，於是你和它們對抗，好玩的遊戲因此開始。

不管你悟性多高，有多覺醒，多從自以為是的自我中解脫；也不管你有多固守自己

「不受自我控制」、「不再尋求」或「全然的釋放與平靜」的形象，在親密關係中，你一定會遭遇到那些不曾被你接納、不曾被你喜愛的經驗浪潮。人們常說，關係只是一面你可以從中看到自己的鏡子。

即使是被稱為最有悟性的人，仍可能在他們的親密關係中發生摩擦和衝突。這意味著他們沒有真正開悟嗎？或意味著我們得重新改寫對開悟的定義？

當談到頓悟你的本質時，關係無疑是檢驗的開始。

了解到親密關係總會激出被拒絕和沒人愛的浪潮後，有一種回應是：「我不想經歷那些浪，乾脆連感情都一起避開。我要變成一個禁慾主義者，住在偏僻的洞穴裡，遠離人群。我要變成獨身主義者，壓抑親密的感覺，不對別人打開心門。人們引起痛苦，我不想受苦。」然而，這種對關係的逃避正是一種關係：一種你從其他人身邊退出的關係，可能是因為你不想面對那些你不容許自己有的部分。這種反關係的關係，說到底還是一種關係。是一種面對他人的態度，一種可能源於害怕被拒絕而產生的，與他人連結的方式。

於是最後，你不可能避開關係。不管你喜不喜歡，你總是和別人、和世界有所連結。你總是和萬物有所連結——太陽、海洋、樹木、天空、動物、想法、感覺、聲音、氣味、椅子、桌子，包括其他人。你就是世界，世界就是你，如同克里希那穆提所說的一樣，你是可以容納萬物形貌的空無。

記得幾年前當我還是個非常嚴肅的靈性尋求者時，我相信我已經頓悟了——我沒有自我，我誰也不是。我非常依附於絕對論者的非二元概念，例如「無我」和「無他」。我以前相信所有的關係都是幻象——在關係中的任何人都受騙了，卡在分離的夢境中。如果無我，怎會有關係呢？「沒人」要跟誰建立關係呢？如果沒有我和你，怎麼可能有任何形式的連結？那時，每當有人說「我愛你」，我便會偷偷嘲笑他們的妄想，因此經歷一段退隱於世界之外的日子，還以為那就是開悟。我脫離生命，感到自由——但只有一下子。

我現在明白我當時生活的方式和開悟完全無關。我只是迷失在關於開悟的概念中。並非因為無我，才不能進入關係，而是我害怕真實、親密的關係。我恐懼對別人表露赤裸而不成熟的自己。為什麼？因為我不自覺的害怕有人會看穿我虛設的外表，看穿我建立起的假象，說我是個騙子。「無我」和「無他」是通往存在真理的美麗指標，但追尋者輕易的就能劫持那些指標，把它們轉為僵化的信念，利用它們來避免此時此地最真實、誠實、可靠的人際關係。

難怪我會退回悟道的洞穴，避免親密的人際關係。我害怕被看穿。某種程度上，我知道自己維持的形象是假的——包括我已悟得無我的這個形象！我害怕被暴露，害怕被視為騙子，更害怕我已達到超然無我的形象將會破滅，重新變回一個普通人。

追尋的結束不是從生活、他人、關係中冰冷而狠心的抽離，雖然這可能是某些人旅程上會經歷的一個階段。追尋的終點在於擁有真實、絕對坦白、不矯揉造作關係的可能性。因為沒有了追尋，不再期望另一個人來完整你，不再需要操縱他人來得到好處，不再感到分離時，你終於能自在的傾聽他人，與他們的本質相遇，真正的去看、去聽、去了解迎面而來的是什麼。追尋的終點開啟了一個巨大的空間，在裡面你能對關係完全誠實，不需要躲在「無我」或「關係是幻象」的靈性教導或任何概念之後。所有概念都在真實生命和親密關係的熱切火焰中燒成灰燼。認知到自己的本質後，你就能自由而無懼的去愛眼前的人，不帶任何防備。因為愛原本就是不帶任何條件的。

所有關於完整和追尋者並不存在的靈性洞見都是美好的，但如果這些洞見並沒有密切的延伸到我們生命中，沒有潛入我們經驗的深處，沒有滅絕各種形式的追尋，它們也只不過是文字。你相信自己已放下自我、自己什麼都不是或萬物合一，這些想法都是美好的，但當你的伴侶、兒女、父母因你說的話而淚流滿面時，你會怎麼辦？你會因他們

「迷失在二元性的故事中」而打發他們嗎？你會叫他們不要理你，因為這裡「無我」嗎？你會要他們變得和你一樣有靈性，才不會受苦嗎？你會從他們之間退出，逼他們去冥想、自問自省，直到他們冷靜下來並看清事實嗎？你會對他們說教，告訴他們沒有關係這回事，如果他們還是認為有，代表他們「放不下自我」嗎？

還是你很開放的去聽他們說話，並在聆聽時從你本質裡找到全然的接納？當你不再向他們尋求，再也沒有需要捍衛的形象，且認清自己是開放的空間時，難道會沒有聆聽的空間嗎？難道會沒有讓他們透過自己的眼睛去看世界、去發現自己的某些想法是對的、去找到能讓彼此溝通的空間嗎？雖然他們的回應不是你想要的，雖然他們毀了你的夢想、希望、計畫，毀了你珍貴無比，總是細心呵護的形象，難道真的就沒有能讓你對自己的感覺誠實，並接受他們同樣誠實回應的空間嗎？究竟有沒有不論發生什麼，都保持開放的空間呢？

◆袒裎相見

我覺得很多靈性教導都沒有點出追尋和不真實面對關係的直接關聯。你可以說你悟道了，不再受分離和追尋之苦，但如果私底下，你和妻子、小孩、老闆、父母、愛人或學生之間仍有著令人絕望的衝突，那又有什麼意義呢？你可以很輕易的以「即使停止了追尋，這些不完美仍然繼續發生」或是「這只是非我所能控制的性格使然，是宇宙劇本早就寫好的命中注定」這些話來當作辯解衝突的理由，但在了解追尋機制後，你懂得那就像是在說：「我不再追尋了，但我仍在追尋。」一般的自相矛盾。

追尋的結束和誠實、清楚、無懼的溝通是密不可分的。事實上我會說，若要寫一本關於全然接納和停止追尋的書，不用一大篇幅來討論誠實的表達和聆聽是不可能的。每當你在某些人面前不誠實表達情緒，隱藏你當下真正的感覺，試圖保留某部分的自己以維持形象，或扮演一個完全不符合真實自己的角色時，你很可能在向他們尋求某些東西。你希望他們以某種方式看你。你試圖操縱他們對你的印象（也就是你心中希望他們怎麼看你的形象），於是他們在場時，你也希望以某種方式看自己。這麼做若非出於恐懼，還有可能是其他原因嗎？

我們試圖不讓自己太靠近生命和其他人，因為我們（追尋者）最害怕的就是自我被拆穿。拆穿對追尋者來說等同於死亡。簡單的說，如果你看到我的本質，我的脆弱、失敗、不安全感、不完整感，你就會拒絕我；如果你看到褪去面具和虛假外表，卸下防備和停止操弄的我，穿破形象看到我最原始赤裸的樣子，你會拒我於門外；如果你看到我的恐懼、挫折、懷疑、悲傷、失敗、醜陋、不完整和無助，你不會愛我；或者，如果你愛上我，但當我沒有了那些形象，你很快就不會繼續愛我。我害怕真實之光和生命之光會暴露我玩的那些小把戲，然後我會被留在這裡，孤身一人，羞恥的無地自容，被遺棄並且沒人愛，成為遠離家鄉的流亡者。

被拋棄的恐懼似乎深植人心。流亡者指的是被逐出部落、社群，被送離他們的村落和家鄉，到森林野地裡等死，沒有人會來保護他們。害怕成為流亡者，也等同於對寒冷、孤單、無人保護、被遺忘、脆弱，甚至接近死亡的恐懼。

雖然我們可能不再害怕被森林中的野生動物分屍，但不知怎麼地，我們仍將社會的拒絕和死亡相連。如果我向你揭露自己，我可能會死，就是那種感覺。成為流亡者從來都不是人生海洋中能被接受的浪，因此我們花了大半輩子躲避親密，轉而追求像是受歡迎或名氣等更膚淺的目標，或只是融入人群裡。我記得讀大學時，有一個人見人愛的學生。不論走到哪裡，他總是被一群朋友包圍。那時我以為，有了那些同伴，他一定是世界上最快樂，最完整滿足的人。我對他又愛又怕，還有點嫉妒他。畢業典禮那天，我和他說話，結果他告訴我儘管每個人都認識他，他還是一直都很孤單。「大家都認識我，但沒有人真的懂我。我認識這麼多人，卻仍然覺得很疏離。」說完他灌下一瓶啤酒。

你可以被人群簇擁卻仍覺得孤單。你的生活可以被晚宴、家庭聚會、社交場合、狂歡的夜晚、會議、閉關修行、會面、工作坊、節慶等填滿，你卻仍然感到被完全的疏離。你可以找到完美的另一半，兩人就像天造地設的一對，每個人都以為你們會從此過著幸福快樂的日子，但你仍可能感到更孤單，甚至比以前更困惑。不論我們有幾段關係，不論我們擁有多少朋友和財產，如果沒有深刻的連結，沒有真正的誠實和親密，你就是不會感到滿足。還是會覺得缺少了什麼，還是會感到空虛和不足。

然後，儘管有全世界的保證，你還是苦惱於失去愛的風險。儘管做了所有防護措施，有了各種誓言、承諾和看來最周詳的計畫，你在關係中仍缺乏安全感。唯一的安全感來自於對此時此刻徹底的誠實，那意味著你要冒著失去形象的風險，無懼的用最真實的面貌面對對方，不帶任何防備。

◆對彼此的期待

你真的認識另一個人嗎？

我們聊「別人」：愛上他，和他交往，和他吵架，和他分手，遇見新的人，了解他，擁有他又失去他等等，但我們真的曾經不用透過自己，就能直接經驗到他們的存在嗎？或者，我們與他人相處的經驗，是否真的就和我們為他們塑造出的故事，如我們的想法、信念、假設、投射、偏見等，無法分割一樣呢？「別人」真的和我們「不同」嗎？他們和我們的本質，真的是分離的嗎？

就像我們從未真的經歷外在世界（外於當下經驗的世界，如同我們先前所見），我們真的曾經在「現在之外」經歷和別人的相處嗎？當我們和某人相處時，我們究竟是與誰相處？是否只是和他在我們眼中的形象，而非和他當時最真實的本質相處？是否在試著維持他在我們眼中的形象時，我們錯過他們當時最真實的樣子？我們是否總是透過過去和未來的濾鏡去看人，然後錯失了當下？

當你不再透過自己在生活中為他們建構的，例如他們信什麼不信什麼，愛誰不愛誰，喜歡什麼不喜歡什麼，做了或沒做什麼，說了或沒說什麼，或他們如何傷你、捧你、忽視你等等的故事後，你的朋友、伴侶、爸媽、兄弟姊妹是誰？要是你超脫過去所有的包袱，此時此刻才與他們相遇呢？要是你不抱任何期望或不帶失望，現在第一次見到他們呢？要是你遇到的不是想像出來，而是真正就在眼前的人呢？

若真正的相遇，沒有過去、投射、和想像的相遇，會是如何呢？

現在，我絕不是建議我們完全丟掉關於彼此的故事；不是要我們完全忘掉過去，忘掉彼此生命的細節，如我們的名字、角色等等。我想說的是，若我們只活在為彼此建構的故事中，最後只會錯過現在。因為把你的故事和回憶、偏見等有條件的想法抓得太緊，並且把你視為一個隨時間改變的獨立個體，所以我錯過你的本質，錯過當下在我眼前的這個人。我太被你過去的形象，以及我對你的印象、期望、失望和恐懼給綁住，以至於我看不到你的本質，聽不見你說的話。我對過去的重視比對你當下的經驗來得多。看起來好像我已經認識你的本質，甚至在你開口前就知道你要說什麼、在想什麼、會做什麼、相信什麼、想要什麼。我已經預先對你的經驗做了判斷，所有的偏見都源自這裡。

記得幾年前當我走進廚房時，第一次看到我爸。當然，那不真的是我第一次看見他（我看過他上千遍了），但這次是我第一次真的看到他。那是我第一次看到他確實在我眼前，而不是我想像、希望，或我認為應該在那裡的人。我超越了「他是我爸」和「我是他兒子」的故事，然後我看見，在那裡的只是一位年長略帶白髮的紳士，坐在餐桌前吃著早餐穀片。

這男人是誰？我必須承認，我真的不知道。雖然過去那些年「知道」他，確知他是誰，我卻從未真的與他相遇。我太陷入於父子關係的故事，而不能真正看到眼前的人。在努力想當個好兒子，努力扮演我認為該扮演的角色，努力維持不真實的形象，努力和身為父親的他相處的那些年以來，帶著所有的條件和伴隨稱謂而來的期望，我錯過了真實。我稱他為「爸爸」，然後我認定自己知道那是什麼意思。但爸爸這個稱謂，真的能捕捉到正在我眼前的人事物嗎？這個人真的是我的嗎？有任何人可以是我的嗎？沒有了故事，現在的我，要怎麼和這人產生關聯？

超越了故事，我和我眼前的人之間，剩下的只有親密。

不知怎地，在什麼都不知道的情況下，我們才真正相遇。超越了角色；超越了「父親」和「兒子」的故事；超越了父親該怎麼做，該給兒子什麼或不該給什麼的概念；超越了兒子期待從父親身上獲得什麼的約定俗成概念；超越了我們的過去，我們才能真正相遇。褪去了過去和未來，我們有的只剩下現在。這就是唯一的時刻，如此珍貴。而他也是如此珍貴，如此脆弱、神祕，卻又如此迷人。我看見他手上的皺紋、臉上的線條，和一小滴口水流過他的嘴角。當他把湯匙送進嘴巴時，他的手有點抖；他後腦勺纖細的白髮似乎有點微翹，他的呼吸聲有點沉重。

那感覺幾乎像是在談戀愛，而他是一個藝術品。

褪去了所有關於他應該怎麼對我，有沒有做到答應過我的事，做到我需要、想要且期待的父親的種種故事後，才發現他是如此無辜。我藉著對他期望太多，和尋求他給不了的東西，而使他充滿罪惡感。我在他肩上放了個重擔——肩負著身為一個「父親」必須使「兒子」完整的重擔。在尋找回家的路中，在必須維持自己身為「兒子」的形象時，我把他當作「父親」，並隨著那稱謂而對他懷有各種期望。因此，我們從未真正的相遇。

但他總是無法符合這個已被編寫進我腦海中的「父親」形象。任何人都會辜負形象。與「父親」形象相比，他永遠都是不完美的。他不是太這個就是太那個——太冷靜、太在乎錢、太保守、太沒有靈性；不是干涉我太多，要不就是太不關心我；不是太像個爸，要不就不夠像個爸。

但沒有了形象後，這裡有的是無可否認的完美。他沒有太這個或太那個，他只是他現在的樣子，再無其他可能發生。

這相遇苦樂參半，雖親密而美好，但也有某種失去。失去「父親」和「兒子」的角色，失去過去和未來，失去時間本身。留下的只有沒有名字、不受時間限制的愛，既徹底抽離又絕對是和另一人的親密。言語絕對捕捉不到它，它的神祕就在於最平凡的事物當中，就在那男人坐在餐桌前吃著早餐穀片之中。在你剩下的生命裡，一次又一次，那情景都足以使你心碎。

當然，我會繼續稱他是「我爸」，但在形式底下，我知道他不可能是我的。我或任何人，都不可能擁有他。我也不會想要擁有他；擁有權會破壞親密。但不知怎麼回事，我發現一種似非而是的神祕——在這種失去、擁有權之死的過程中，我其實什麼也沒失去，失去的只有幻象，失去的只有認為眼前的人能符合我心中形象的白日夢而已。

執著於父子關係，阻擋了我和眼前這人的相處。緊抓住我們是父子的故事，我們停止看見對方現在真實的樣子。在關係中，我們反而不再真正的相處。

超越了故事、夢境和對對方的印象後，就是連結的開始。超越對父親、兒子、母親、女兒、丈夫、女朋友、學生、老師的印象後，就是真正的親密。真實是，我們總是超越故事和印象後才相遇。我和你的本質，都是能任由所有印象自由經過，不被故事定義的開放空間。在意識裡，我就是你，你就是我，那就是無條件的愛。

當我和你的關係像一個個體和另一個個體，一個故事和另一個故事的連結時，就不會有真正的親密，因為我們都各自扮演了角色。我扮演兒子，你扮演父親，並且帶著那稱謂所暗示的期望和要求。我扮演女兒，你扮演母親；我扮演姐姐，你扮演弟弟；我扮演大師，你扮演弟子；我扮演「我」，你扮演「你」。我把自己視為一個角色，然後試圖與你，另一個角色，相處。我照著我的劇本，而你也照著你的。

但當我不是以個別的自我，而是以能容納所有想法感覺的開放空間和你相處，那麼便可能達到真正的親密。不需要過去的歷史，是兩個開放空間的相遇，那便是真實關係的開始。不是兩個故事、兩個形象的相遇，而是兩個開放領域的相遇（雖然不是真的如此，但現在這說法較容易讓人理解）。最終，沒有任何語言能夠捕捉到這種親密，所有語言都只是暫時的，而這裡超越了文字所能敘述的範圍。

當我身為一個故事，試圖透過你完整自己、透過你找到答案、透過你回家，我最後就會操縱你，對你撒謊，在你面前裝成別種樣子，因怕失去你而隱藏自己真正的感覺，一旦我感到被你傷害時就把你推開。但當我身為開放空間，我便能自在而誠實的與你溝通，知道我就是我在尋找的愛，知道我不需要你來使我完整，知道在心靈最深處，我絕不會失去你。我不需要你就能成為完整的自己，更不需要你來維繫我的故事。

認知到自己是所有想法感覺自由來去的開放空間，認知到我的本質超越「兒子」，且不需要「父親」來讓我的本質變得更完整，我終於能夠自由而真誠的和眼前人互動。我會容許他完全做自己，盡情表達自己。我會鼓勵他去探索、去表達他真正的想法感覺，因為最後我不再把他的經驗視為對我身分的威脅。最終，即使他離開我，也減損不了我的完整。

對某人說出「我不需要你。我愛你，但不需要你。」是世上最充滿愛意的事了。換句話說，「我不需要你來完整我，沒有你，我也是完整的。但我享受你的陪伴，喜歡待在你身邊；就算你要離開，我還是能愛你，儘管那會讓我痛苦和傷心。」

真正的愛不求回報。

◆換個角度想

「如果我能，我要和上帝做個交易，讓你和我交換角色……」

——凱特・布希《奔越山嶺》

某次我主持的集會中，有位男士安靜的坐在第一排。當活動結束，每個人都準備回家時，他來找我。他臉色漲紅、汗流浹背，身體因氣憤而顫抖，凸出的雙眼圓睜。他走到我身邊只有幾吋遠的地方，語氣一點都不含糊的，說我是冒牌貨、仿冒品、滿嘴謊言的騙子，說我很危險，說我在誤導大眾，要我立刻醒來，否則就要我好看。他說我必須為世上所有的罪惡負責，說我是希特勒的化身，必須為我曾做過的事負責。他說他已完全開悟，所以要來喚醒我，而我唯一要做的事就是臣服於他，還說這是我覺醒的最後機會。

「你曾夢到這一刻，對吧，傑夫？你怕我，不是嗎？」

你能想像得出若是我指出他的錯誤，告訴他他瘋了，請警衛把他帶走，反擊，變成大師，向他證明我的力量和優越，展現我的靈性修練已達到更高的境界等等應該有多容易吧。回應這種憤怒和威脅，徹底的反駁他是件很誘人的事。他否決了我的一切，包括我全部的教導和我整個人的存在。不僅如此，他還想把我從我自己中解救出來，要我向他屈服！

但我熱衷於用更人性化的方式與他交手。他真的只是來攻擊我？還是有別的意圖？不管是什麼，我想找到我們真正能相遇的地方。身為接納所有浪的意識之海，總會有地方能讓我們超越故事的限制，真實的與彼此相遇，不論那地方有多遠。那會是哪裡呢？當這男人用這麼扭曲的方式看待事情時，我要如何看穿他呢？

我決定保持誠實。我告訴他我不怕他，但也不特別想參與他的瞪人比賽（他拒絕眨眼且將我的眨眼解讀為害怕，他認為我的眨眼透露出我沒有像他一樣開悟的跡象）。我向他解釋他誤解了我的訊息，因為我說「這裡只有合一」或「這裡沒有人」時，並不只是像他所想的表面意思。我也從未夢過他，但我對他說的話感到很有興趣。我也不覺得自己需要被喚醒，或我在誤導別人，但我很想了解為什麼他對我那麼生氣。我也曾對靈性導師非常生氣過，所以我了解他的憤怒，或許我們可以在那裡相遇。我試著站在他的立場，用他的雙眼去看，以找出他究竟如何下此結論。我想看穿他「靈性大師」的表演，並看看他到底是怎麼回事。他在尋找什麼？他到底要什麼？他真正渴望的是什麼？

我鼓勵他解釋、澄清，然後我給他真誠的回應，不帶任何攻擊，而是溫柔堅定的陳述我的經驗。我沒有假定自己了解他，只是描述自己的經驗。我們絕不可能真的知道另一個人的經驗。當我在那裡和他交手，試著找出我們可以真心相處的地方後，奇怪的事發生了。因為我沒有拒絕他，從他身邊撤開，或回應他的怒氣；因為我不怕他，我只是做我自己，認得自己能全然接納的本質，他開始變得放鬆一點。他遇到的不是攻擊，而是了解，於是他開始降低防衛。

當我們繼續往下聊，我了解到他根本不是來攻擊我的，而是試圖讓我同意他的論點——他想被聽見。我感覺到雖然他發出最大的噪音，但他從沒被人認真聆聽過（往往都是這樣）。他以最迂迴的方式表達他的論點，他認為合一的靈性教導容易被利用成逃避生命的責任。「沒有個別的人」這想法對他來說是錯的，因為他看到世上仍有人在受苦，而且他拒絕任何人否定那個相對的真實。他不想人們超脫世界，他想要人們徹底的投入其中，而不是逃避到靈性裡，所以他來把人們從超脫的夢境中喚醒。他假定我只是另一個不二元概念的導師，否認相對的真實，或許這也是他為什麼叫我希特勒的原因吧。他覺得我自認為高於人類，叫我希特勒是把我拉回地表的絕妙方法！當我澄清我的立場，問些關於他的問題，聽他說話，找到能同意他之處，或至少看見他話中某些真實，他放鬆了下來。我知道我沒有需要捍衛的事物，而他的身體也因為鬆懈下來而變得癱軟無力。

的確，我同意不二元很容易被用來否認相對真實；是的，在某層面上，個人責任是非常重要的；沒錯，我也像你一樣是個人類；對，我同意，小心不要誤導別人很重要；我了解，如果我相信自己是知道所有解答的靈性導師這個錯誤形象的話，我就是個騙子。

很奇怪，我發現自己某些方面同意這人的想法，雖然他十分鐘前才叫我惡魔，還拒絕我所有的訊息。他變得越來越安靜。因為口有點乾，他跟我要了點水喝。於是我遞給他我的杯子。他看起來就像個失落的小男孩。我們沉默了片刻，他開始談起他的人生，透露關於他自己的私人點滴。他告訴這一生的任務是拜訪世界上每位不二元導師（他也視我為其中之一），然後喚醒他們！他說我是第一個沒有咒罵，或把他攆出房間的靈性導師。我除了覺得好笑外，還覺得他有點可愛，這人畢生都在嘗試把不二元導師從不二元的夢境中喚醒。我對他的叛逆有些尊敬，因為我也是叛逆的。我們甚至不約而同的笑了出來，只因都看到彼此的反叛性格。

要走之前，我沒來由的想給他一個擁抱。他警告說：「傑夫，不要抱我，那很危險。」我突然間看到一個從未被擁抱呵護，於是就認定自己是危險、不能被觸碰的小男孩。不管怎麼樣我還是抱了他。在我的經驗中，擁抱一點都不危險。

我有點同情這男人。他有聰明，甚至重要的想法要表達，只是不知道如何不透過威脅別人或不躲藏在開悟大師的面具後面表達。他覺得自己必須扮演救世主，趕走身邊的所有人，而不是和人們用正常的方式溝通，容許他們靠近，講他們聽得懂的話。那對他來說，太親密、太誠實、太善良、太坦率也太危險！真的在親密中相遇會破壞他的自我形象，我懂。因為我以前也每天都活在恐懼、疏離和靈性的優越感中。

很明顯，他就是自己最大的敵人。他想被聆聽，但更深層的是，他想被愛，和每個人一樣。但他的溝通方式讓人幾乎沒辦法去聆聽他說的話、去愛他，甚至和他待在同一個房間。由於沒有適當的溝通能力，他一次又一次的被世上所謂最「有靈性」的大師拒絕。我對他不來這套（畢竟，拒絕他也就是拒絕某部分的自己），於是，我遇到了卸下面具的他。

我不是要把自己塑造成偉人，我離那境界還遠得很。我只是想讓你們知道，即使在最駭人和對立的會面中，你仍能找到和拒絕你（威脅你形象）的人之間的共通點。因為我知道自己的本質，是各種形象感覺能在其中自由來去的開放空間；因為我不必維持自己是知道世間所有答案的不二元大師的特定形象；因為我知道我經驗到的不確定、懷疑甚至失敗都早已被接納，所以面對他的攻擊，我無須捍衛自己。也因為我超越形象，我能自由的聽到他話中真正想表達的意思；更重要的是，我能自由的了解他話中的真實。

我一點也不同意他說的每件事。我也絕對不能苟同他對人說話的方式和他訴諸暴力的威脅。也許下次我會要求不再讓他進入我分享會的會場，那可能是聰明且最合宜的決定。從全然的接納出發，我們永遠都能自由的採取實際步驟來解決緊急情況。

但那不是重點，重點是，無論如何我們找到了溝通之處。離去時他不再是個敵人。我們的會面結束的清楚明白，沒有任何未竟之事。我們找到彼此相通之處，在那裡我們不再對抗，我在他裡面找到自己。

當你真心聆聽別人，聽他們的看法、觀點，聽他們談自己的生命經驗，聊自己最近關注什麼，無論他們的看法一開始聽來多挑釁、多奇怪、多極端、多荒謬，你最後總能從他們的話中找到某些真實。這不表示你同意他們，不表示你縱容他們的行為，更不表示他們就成了你每週末都會一起去喝杯啤酒的好朋友。那只表示你找到他們話中閃閃發光的真實，同時，那也是衝突的結束。不管我多不同意他們，不管他們多想摧毀我（我的形象），我從沒遇過我溝通不了的人。因為認知到自己的本質，所以我了解在最深的層次上，沒有任何想法、感覺、情緒不是我，就像沒有一道浪不是海，而那正是為何我們能和任何人連結的原因，就算那人看來遙不可及。就像哲學家肯恩・威爾柏說的：「沒有人能製造百分之百的錯誤——沒有人聰明到可以每次都會錯。」

沒有你想得到而我卻想不到的事。沒有你感覺得到而我卻感覺不到的事。你與我並沒有根本上的不同，因為那是不可能的事。所有的人類意識都流經我們，所以我們總能在某個地方相遇——雖然要花點時間才找得到。

看到了嗎？以一種神祕的方式，你的想法就是我的想法，你的感覺就是我的感覺。任何想法、感覺，都是你我本質所屬的這個開放空間中，流經的人類意識之河的一部分。在那層意義上，沒有任何意識是不能到達的，是外來的，是不人性化的。如果你是人，我一定能在某處遇見你，即使一開始要找到我們能平和溝通、不再對抗的地方是件難事，即使我必須因此面對我寧願拋棄的自己。

這便是找到共同點的真諦。我們的共同之處就是我們的意識，我們在那裡相遇，並分享彼此的看法。在那裡，無須同意或反對，只需聆聽、了解、感覺對方話裡的真實；即使最後你仍無法同意他們。我喜歡伏爾泰說的：「我不認同你的話，但我會誓死捍衛你表達的權利。」

戰爭結束於找到彼此的共通點——我們的意識。

而且誰知道呢？我也許會從敵人那學到東西。敵人可能是我最好的老師，因為在激起我不爽的同時，他也使我接觸到自己仍在捍衛的形象。換句話說，他讓我看到我仍在和自己的某些經驗打架，看到海洋裡我不接納的浪。他反映了我內在的敵人，或者說，反映了某些被我視為敵人，我卻忽略其本身便是俱足圓滿的經驗。他是我最好的老師，照亮了被我拒絕的經驗，雖然他可能並不自知。

敵人把我從形象認同的夢境中喚醒。

現在，全然接納另一個人的經驗不代表你是個容易受影響的人。我能聽到你的反對聲音：「傑夫說我們應該同意每個人，讓做壞事的人不用因此受罰，而那將導致巨大的混亂和破壞！」不，不是這樣，這種接納不代表你永遠是錯的，別人永遠是對的。完全接納並不等於順從，也不代表必須隱藏你的看法，或假裝你沒有看法以顯得自己仁慈、有靈性或沒有偏見。（最強烈的批判就是所有的評判都是不好的！）從全然接納出發，我可以真實且充滿熱情的回應你的經驗，不再是從「你怎麼敢那樣說或那樣想」出發；也不再是從收回愛，從我心裡偷偷討厭你思考和感覺的方式，從我認為你是錯的地方出發。那不再是一種反應，一種對被威脅的自我形象的自動防衛機制，那是真正的回應。我只是如實回應此刻的生命，而不是回應我想、我希望或我期望的生命。我從全然接納出發，來回應現在發生的事，並不求透過那回應獲得任何東西。這是真正的負責（回應能力），也就是有超越形象回應的能力。矛盾的結束不在於反應，而是在於這種完全的負責，而這負責就從懂得全然接納現在而來。

「愛你的敵人。」──像耶穌教的一樣。換句話說，讓你的敵人把你從當初自以為有敵人的夢境中喚醒，你的敵人讓你看見你仍在捍衛的錯誤形象。

◆寬恕罪惡

你可以說我們都在尋找愛，不論是聖賢或罪人皆然。我們只是用不同的方式表達我們的追尋。在分享會上質詢我的那男人像是想把「傑夫・佛斯特」的形象拆毀，但其實他真正想要的是愛。酒鬼想要再一杯啤酒，但他真正要的是愛。他對自己現在的經驗感到不舒服，任何想法感覺都不被愛，於是想找個出口，而唯一能減輕這不舒服感覺的東西似乎就是啤酒。有那麼一陣子，啤酒似乎移除了不好，帶來了好；有那麼一陣子，似乎帶來了我們最初的家。就連連續殺人狂、強姦犯和蓄意殺人犯都是用他們各自的方式尋找最初的家。我們想要的都只是回家。

對某些人來說，獲得愛的方法就是去傷害別人。對那些自覺無能、無助、被生命打敗，並渴望再度獲得權力與控制的人而言，去傷害別人甚至殺人，似乎提供了某種短暫的釋放。沒錯，追尋者可能會在他們對完整的追求中變得絕望與極端，會用盡各種方法以獲得完整。會為完整抗爭，會為完整死。為了到達天堂、為了回家、為了釋放分離的重擔，如果有必要的話，我們會炸毀自己。對某些人來說，他們知道唯一一條能帶他們回家的路上，遍布了各種敵人。因為如果我覺得你擋了我回家的路，你就成了我的敵人。

這便是為什麼人類彼此間開戰的原因，不只是為了輸贏、捍衛土地、糧食、財產，還為了不同的意見、哲學、意識形態與宗教信仰。於是很快的，不管是談戀愛的兩個人或兩個不同國家的人民，因持有不同的意見，引起了聖戰。當你不同意我，拒絕我的觀點時，不知為何我會感到被威脅。很奇怪，不是嗎？你並沒有用武力恫嚇我，但我仍覺得好像受到某種攻擊。為什麼？到底是什麼被攻擊了？

當我緊抓著一個想法、信念或意識形態，並將其視為帶我通往完整的唯一道路，而你的話語或行為影射我的信念是錯的時候，你就威脅到我的完整。你阻擋了我回家的路，威脅到我的生命故事。我們不是為意識形態而吵，而是為如何通往完整而吵。浪試圖回歸海洋，當有人阻擋，浪便被迫面臨最糟的可能性：永遠都回不了家，永遠孤身一人，於是浪無所不用其極的消滅威脅。有些人打擊自己，甚至嘗試打擊你，只為了確認回家之路的暢通。

其實就連自殺炸彈客都只是想要回家，和我們每個人都一樣。究竟，我們要如何在不縱容其行為的情況下，仍能對像自殺炸彈客這樣的人保持同情心？發現他們自殺炸彈客的身分下只是個想回家的人可能是個開始。這絕非縱容暴力，而是去了解他們和我們心中的暴力衝動從何而來。或許當我們真的了解心裡發生了什麼事，我們才能在一個更好的立場上去處理世界上的暴力——不是製造更多暴力，而是幫忙弄清楚暴力的源頭。當我們超越「他人和我們」的故事，超越好與壞的幻象，和以為我們只是分離的個人錯覺後，或許我們有機會弄懂這一切。

了解基本上每個人都想回家，給了我們一個全新看待人類暴力、瘋狂、病態或邪惡行為的方式。由此看來，沒有人生來就邪惡，或和我們有根本上的不同。有些人只是用極端的方法去尋求完整，而由他們絕望尋求而來的毀滅性行為，被我們稱之為邪惡。

那些被我們稱作「邪惡」的人，本質上也和我們在尋求一樣的事物，但由於他們成長時學到、經歷到或受到特殊條件制約，他們兒時的遭遇，和他們人生的際遇，他們現在能找到完整的唯一方式就是透過暴力。他們無法從現在的經驗中感受到完整和一直都在的愛，他們變成絕望的尋求者，並在追尋愛的過程中，開始和世界對抗。在追尋完整的過程中，摧毀所有他們認為「外在」世界中不完整的事物。

所有我們自己認定的內在邪惡，所有不被全然接納的經驗浪潮，所有對我們形象造成威脅的浪潮，都被投射到我們稱之為外在世界的敵人身上。在試圖傷害或消滅敵人的同時，我們偷偷的想消滅自己心中的邪惡；在試圖除去別人的不潔時，我們其實在尋求自己的純潔；在試圖消滅別人心中的黑暗時，我們默默在尋求自己所需的光亮。我想摧毀你的不完整，因為我偷偷想摧毀自己的不完整，以求變得完整。

我們的敵人變成了我們的代罪羔羊。追尋者永遠都需要代罪羔羊，這用語的由來很有趣。在古代的部落中，當村民想擺脫身上的罪時，他們會犧牲一隻羊獻給上帝。他們相信這羊會神奇的吸收他們的罪，而當那羊被殺時，他們的罪也跟著消失，只留下再度潔淨的他們。代罪羔羊是一種試圖讓我們保持心理上潔淨的方式。換句話說，試圖把我們從骯髒、不被愛的浪潮中解救出來。在追尋的過程中，我們不斷創造代罪羔羊。我們不停向外尋求釋放，而在最極端的例子當中，我們甚至可能試圖藉由摧毀別人，來摧毀某部分我們也無法接受的自己。

我不容許自己有的，也不會容許你有。我自己想擺脫的，也要你一起跟著擺脫。常被說是世上有史以來最邪惡的人阿道夫・希特勒，便是找代罪羔羊的經典例子。他迫害同性戀，但有強力的證據顯示他竭力對抗自己同性戀的傾向。他控訴他的敵人猶太人，是性生活不潔的，但也有證據顯示他偷偷的享受「不潔的」性戀物癖。他說猶太人的血有毒且具傳染性，但證據顯示他年輕時曾害怕自己的血有毒。希特勒真的相信消滅他的敵人可以帶來他渴望的一切？投射遊戲真令人難以置信，它是如此簡單，但當得已猖獗的蔓延全球時，又如此深具毀滅性。我們有一整部人類歷史讓我們知道，代罪羔羊根本無法帶來和平。我們的敵人也根本無法被摧毀，因為他們就在我們心中。分離就始於你和我，始於這個房間，卻終止於嚴刑拷打和種族屠殺。

從別人身上看到這追尋機制是如此容易！但我們能看到自己的嗎？那正是問題所在。誰是你的代罪羔羊？什麼是你表面上無法接受別人有，實際上是偷偷無法接納自己有的？軟弱？失敗？恐懼？同性戀？或暴力？為了在別人面前維持某種形象，你不承認自己的哪些想法和感覺？

我想說的是，這不代表縱容刻薄、暴力和具毀滅性的行為，只是想建議我們應該看得更深入以發現造成行為的原因。對自身經驗感到全然平靜的人，認知每個想法、每個感覺都已被完全接納的人，他們真的有攻擊世界的需要嗎？真的有需要用戲劇性和極端方式尋求釋放的需要嗎？看到自己的各種經驗如想法、聲音、知覺、感覺都已被生命全然接納和擁抱的人，真的有拼命追尋完整到毀滅世界的需要嗎？傷害別人真的能滿足他們的渴望嗎？

當你看到另一個人本質上就是你，故意傷害他真的會帶給你任何滿足嗎？當你不再捍衛虛偽的自我形象（一個你知道絕對捕捉不到你本質的形象），當你不再視另一個人為對那形象的威脅，你真的還有攻擊他的需要嗎？當你不再害怕面前的那人時，還有必要使用暴力嗎？

我想暴力、具毀滅性或惡意的行為，都是在追尋自己內在某種經驗浪潮的表現。暴力和衝突從我的追尋而來，然後被投射到世界上。

想想過去每次當你說了或做了某些刻薄、殘酷、暴力的事，老實說，那傷害人的衝動是從哪兒來的？是從你知道自己的每個經驗都能被接納而來嗎？你知道自己的經驗已經被全然接納了嗎？還是從一個傷口、一種不被接納的感覺而來，於是你覺得必須發洩才能證明自己或覺得好一點？而最後，發洩真的讓你好起來了嗎？還是那只是短暫的釋放？罪惡感是否隨後出現？換句話說，你是否一直都在偽裝自己？

從這觀點來看，我們可以說世界僅變成一張白色畫布，我們的追尋都在上面演出。如果我和自己過不去，我也會以明顯或不那麼容易察覺的各種方式和世界過不去。當然，我們所稱的「內在」和「外在」說到底並不是分開的；世界和我就是一體。暴力的衝動來自看不見世界和我的親密，來自看不見身為開放空間的我和身為開放的你，本質上是不可分割的。暴力來自看不到每個經驗與生俱來的完整。當我認為自己某部分邪惡，於是拼命的追尋完整時，我也開始和世上同樣的邪惡過不去。我不自覺的想摧毀自己內在的邪惡。「惡人」，也就是那些獨裁者、殺人兇手、強姦犯、連續殺人魔、恐怖分子，其實只是用他們所知的唯一方法，來讓世界、讓自己重新完整。不管聽起來多怪，「惡人」其實是想要消滅他們自己內心的邪惡。所以，我們不要縱容他們的所作所為，但也不要藉著和他們過不去來創造更多的邪惡，只要試著看見我們和他們之間的密切關連，並了解他們為什麼這麼做的更深層原因。說不定，或許終結邪惡真的是可能的。

了解邪惡的本質就是真正寬恕的開始。當耶穌被釘上十字架時，他看向使他痛苦的人們，並原諒了他們。當你不再看待人們具有暴力、侵略性，也不因邪惡而拒絕他們時，你知道他們只是不懂以其他方法來追尋。他們看不到自己的完整，於是往外在世界尋找完整，於是破壞任何他們視為威脅完整，或必須為不完整負責的東西。看不到完整，於是他們往外攻擊代罪羔羊。

耶穌死在十字架上時說：「父啊！赦免他們，因為他們所做的，他們不曉得。」換句話說，「原諒我的敵人吧，他們無知，不曉得自己的完整，無視自己的本質，不見容納所有浪潮的海洋。他們視自己為獨立分離的個體，於是不明所以的演出自己的追尋。他們以為殺了我就會帶來完整，但並非如此。因為他們早已完整，卻不了解。殺我一千次還是不會帶來他們想要的東西，因為他們想要的就是我的本質，也是他們的本質。我們本無差異，也許某天他們會懂。」

你會想當誰？知道自己的本質，且全然接納自己經驗的耶穌？還是不了解自我，認同於錯誤的形象，不斷經歷內在衝突的加害者？你要當迫害者還是受害者？又，誰才是真正的受害者呢？是出於不被接納的痛苦而傷害他人的人，還是經歷痛苦但深深接納痛苦經驗的人呢？這裡，受傷害的究竟是誰？

有趣的是，寬容這兩個字的意思是「接受全部」。讓我們這麼看，如果此刻完整早已給了你，不論發生什麼，不論別人對我說或做了什麼，此刻的經驗早已被接納，我也仍然完整。這麼說來，另一個人也得以從罪惡的重擔中釋放。他們不再是敵人；不需再為我失落的完整負責。另一道浪帶不走你的完整，也無法讓你更像或更不像海。沒人能從你身上帶走全然接納。在這個層次上，每個人都是單純的。也因此，寬容不再是試圖原諒別人，而是看到在全然的接納中，每個人早已被原諒。包括你在內的每個人，早以接受每件事，寬容是你與生俱來的能力。真實怎麼也帶不走，而且就像奇蹟課程提醒的一樣，不真實永不存在。

◆不再向外尋求接納：寬容我們的大師

當你解除眼前的人必須使你完整及可能威脅你完整的重擔，他們也能卸下大師的地位，脫去你加諸在他們身上，能使人完整的能力。於是，你能看到他們本來的樣子，權力的掙扎到此為止，真實的人類互動也變得可能。

當我不再將追尋的需求移情到你身上，我才能看見你也和我一樣不完整，看見你本來的樣子。我能看見你的缺點、弱點、悲傷、痛苦，然後愛你本來的樣子，而不是我以為的你，或我希望你變成的樣子。我能愛你的痛苦、悲痛、不完美、愛你所有的人性。超越了角色和故事，你的不完美是如此完美。

當追尋者加諸期待的重擔在他們的大師身上時，他們也因那些期望而把自己壓得喘不過氣。因為當我們向某人尋求某種東西，不管他們是愛人、朋友、治療師、父母、靈性導師或甚至是政客、名人、長官等，我們便賦予了對方所未有的能力。我們被那能力、被那些人綁得緊緊的，綁到無法自由行動。他們似乎對我們施了某種神祕奇怪的法力。

追尋者永遠被他們尋求的東西束縛。他們無法從他們相信能使自己完整的大師身邊走開。人們花了數十年跟隨大師，想獲得什麼，深信大師擁有他們所沒有的。在專注於大師，等待他的傳授與開示時，他們失去對自己經驗的信任。他們不斷等待確認，活在他人的權威之下。即便大師惡意中傷、身體虐待、情緒勒索，追尋者仍在那兒不走，拚了命的試圖壓抑自己的疑慮，緊抓著他們相信最後一定會得到、一切都會值得的希望。

有人告訴我，他二十多歲時在朋友家的客廳看到一張印度男人的照片。在那之前，他從未接觸過靈修；既不懂靈修方式，也從未看過那張照片。但那人形容給我聽，當他在看那張照片時，奇怪的事發生了，彷彿能量從照片中流洩而出。有種能量存在那裡，如此具有吸引力。照片中的人成了那人的大師，他飛到印度去找他。

那人跟我說：「好奇怪。我當時並沒有在尋求什麼。沒有在找開悟，但能量就這麼從照片中射出。不是我造成的，是那張照片。照片在這，你看看。」

在他的皮夾中，放著一張他隨身攜帶、有些皺皺的照片，他將照片拿給我看。的確是張很美的照片，大師看起來平靜、喜樂、處在當下，我確定這大師一定有些美妙的洞見能分享。但能量？我不覺得有什麼力量從照片中流出，也不覺得受到了照片中的人吸引，他和我並沒有什麼本質上的不同，他只是宇宙海洋中另一道美麗的浪，一段稍有點不同，卻和其他音樂沒有根本上差異的旋律而已。當沒有了追尋，你能不帶任何投射的看見本質。

這個例子所描述的，正是顯示追尋機制在作用的絕佳例子。他說當他遇到這照片時並沒有在追尋任何事，但每個人都是追尋者，雖然他們自己不知道。每道浪都在尋求海洋，這人可能沒有特別在尋求開悟，卻在追尋愛、完整和全然接納，最後，他覺得在這張印度人的照片上找到了答案。

每個人都只是在找無條件的愛。沒有從父母、伴侶、工作上得到時，我們便向靈性大師或治療師尋求。

大部分時候我們對自己的追尋並不自覺，只覺得自己被人吸引、被人束縛，被他們的能量、奇怪的力量吸進。我們覺得被迫放下每件事，到印度去見一位纏著腰布的人。當名人走進房間時，我們雙膝發軟；當見到偶像本人時，我們幾近昏厥。我們臣服於有魄力的領導，照著他們的話做。為了取悅他們，我們暫時放下自己的批判思考、聰明才智、直覺判斷。當愛人走進房間，我們開心得快昏倒，做任何事讓他們高興，贏得他們的喜愛，即使這麼做感覺並不真實。追尋者會感到他們被追尋的東西淹沒，但這種經驗到的外在力量，往往是出於對自己本質不理解的投射。

「只要女孩合唱團」有首歌的歌名是《遇見你前我不知道自己需要愛》。這正是重點所在：沒有遇見你，我不知道自己在尋找愛，突然之間你成了我追尋的終點。沒有看到印度人的照片之前，我不知道自己在找開悟，才會突然之間把追尋的終點投射到他身上。但愛人的能力是我們賦予的，大師的能力也只存在我們的投射當中。使追尋結束的能力，不管我們稱之為「頓悟」、「愛」，或甚至是「名望」、「天才」、「力量」都被投射到某人身上，而我們忘了那都只是我們自己的投射，並非任何人能真正擁有的能力。於是我們走進世界尋找那力量，想靠近它、觸摸它、達到它、吸收它並防止自己失去它。

每個人都想親近大師，都想接近名人，都想觸摸聖人、教宗、精神導師，即使只是衣袖也好。我們發現自己莫名的被這些人所吸引，只能不經意的說出像「他們好厲害！他們好安在，他們好有能量，他們發出閃耀的光芒，他們好超脫塵俗……」等等的話語。

他們走進房間，我們就昏倒；但讓我們昏倒的其實只是自己的投射而已。他們經過我們，我們就感受到他們的力量；但那其實只是我們自己力量的投射。他們望進我們的眼，感覺好像他們在「傳送他們的存在」；但你其實只是在經歷自己的存在。當你感到力量來自於自己之外，其實只是你把自己的力量投射到外面。事實上，沒有內在和外在的力量之分，沒有所謂內在或外在的海洋，它們全都是水。就連此時此刻也沒有內外之分。

在一次會議中，有位慕道者告訴我，他感受到我散發出的能量，從走廊外就可以「感覺到我的存在」。因為了解追尋機制，我立刻知道發生什麼事。他求道的過程中，他投射自己對開悟者的形象到我身上（身為追尋者，他必須這麼做）。所以對他來說，我看似會散發某種力量，我的存在似乎能閃耀出光芒，我所到之處似乎都能留下痕跡。

如今，我知道自己並不會發光，不會留下能量的痕跡，一點都不特別，也沒有使任何人完整的能力。而且如果我相信自己有，那我會是多麼傲慢啊！但我沒有直接否定這個人的經驗，取而代之的是，我溫柔的提醒他，那些他在「外頭」看到的，都只是他自己的能量和存在。他為了繼續他的追尋，認定「追尋的終點」就在他自身之外。但那只是他的白日夢，基本上這和夜裡虛無縹緲的夢境無異。

相信某人有使你完整、給你啟蒙、減輕你苦痛的能力而被他們吸引，這並沒有什麼不對，但這麼做的負面效果很明顯：我們失去了自己的力量，失去相信自己是誰的信念。我們不再相信自己最深層的經驗與感受，然後我們開始對自己和他人都不誠實。我們不再將對方視為人，而開始把他們當成神，開始對他們小心翼翼。他們在的時候，我們踮著腳尖走路，試著說正確的話，有正確的感覺，以免被拒於門外。對他們的害怕和對他們的愛一樣多。我們試著打動他們，贏得他們的喜愛。沒有他們就變得失魂落魄，需要在他們身邊才能感到喜悅。我們開始倚靠他人生活，總是等待別人來讓我們的經驗完整，活在別人的權威之下。我們到各處尋找完全的接納，獨缺它唯一可能在的地方——此時此地。

我曾遇過被大師和邪教教主虐待和傷害的人，雖然某種程度上他們知道大師的所作所為是錯的，但他們仍願意忍受。他們活在相信大師知道自己在做什麼，相信這都是為他們好，相信最後這會帶他們抵達開悟的希望中。他們壓抑自己的疑慮，默不作聲，因為有人告訴他們，所有對大師的懷疑與反對，以及對大師方法的批評都是軟弱、恐懼、自以為是的象徵。

他們為何不離開這種情境？他們就是做不到，因為他們在尋求。追尋者無法就這麼從被虐的情境離開，因為有太多風險。不論你傷我多深，我需要你的愛、你的智慧、你的認可，我害怕失去這些。這便是投射遊戲的黑暗面：為了追尋完整，我們失去了自己的常識，忽略了自己的洞察力，壓抑了自己的聰明才智，放棄了自己直覺，壓下了自己的懷疑；即使這些很多都是有憑有據的。追尋未來的抽象真理，最後卻使得我們和自己當下真實的感受作對。

追尋時，我們總是對自己當下的經驗和感受失去信心，於是我們開始向外尋求信心。我們開始希望未來能得到拯救，卻不知道那一天永遠不會來臨。

我發現當人們明白，他們一直都有從折磨他們的大師（或父母、伴侶）離開的自由時，他們的怒氣便減弱了。會覺得自己走不開只是因為還在尋求。大師並沒有奪走他們的自由，而是因為他們對大師有所求，所以自願放棄自由。當他們不再需要尋求時，他們就能看到大師的真正樣貌：大師的確有美妙洞見能與人分享，但也不過是陷在自己「得道、無我」的形象中，和世界過不去，是對他人的自我感到憤怒，卻看不見自己憤怒的一個人類罷了。當神又變回凡人，追尋者重獲自由。真理永遠自由，也只有真理是自由的。

我喜歡克里希那穆提說的：「如果你不跟隨某人，你會感到很孤單。那就孤單吧。你為什麼這麼怕孤單？因為你必須面對自己最真實的樣子，發現自己空洞、枯燥、愚笨、醜陋、罪惡和焦慮，是個微不足道、劣質、追隨他人的存在。面對這個事實，不要逃避，定睛凝視它。你一逃，恐懼更加如影隨形。」

我們跟隨別人，期待他們使我們完整，因為我們無法面對自己的不完整。我們希望別的人事物，如愛人、大師、伏特加等，能帶走我們的不完整。鬆開對大師的緊握，等於放棄了他們對我們允諾過的超脫機會，放棄了真實的面對自己，面對所有我們曾拒絕的經驗浪潮，面對我們認為黑暗、邪惡、或致命的感受。在這樣的景況中，恐懼油然而生。

但，了解沒人能做到你希望他們變成的樣子，也沒有人有使你完整的能力，這是世上最美的事；因為沒人能因為你，而成為不是自己的樣子。

每一個提供不了你所需要的完整的人都是無辜的。大師從他們必須提供卻給不了的東西中解放；而你留在原地，從他們的力量中解放，從盲目跟隨他們的需要中解放，面對自己當下的經驗，它才是你真正的大師。是的，當下的經驗不會承諾你它給不起的東西，不會帶你偏離正道，不會使你失望，不會讓你受傷，不會虐待你，也絕不會離開你。它不需要你的認可，你也不需要努力才能獲得它的愛。它一直都在，永遠自由。

超越故事的表象，你會看到所有人都被寬容了。所有那些因為沒有達到你期待而使你失望的人，包括爸媽、兄弟姊妹、朋友、愛人、靈性導師等，都被寬容了。他們連忙著使自己完整都來不及，怎能使你完整？他們只能完美的做自己，不能成為你心目中的完美形象，無法完美的完整你。感謝上帝他們不能使你完整，因為他們讓你了解沒人能使你完整，甚至讓你了解，沒人能讓你完整是因為你早就是完整的。

唯一剩下的是感激：感激你愛的人，感激你不能忍受的人，感激讓你無聊透頂的人，感激那些曾進入你生命的人，也感激那些後來離開的人。他們每個角色都扮演得恰如其分，在適當的時機上場，也在適當的時機退場。這齣完美編製的戲，隆重的邀請你超越你的想像和夢境，超越你認為的該與不該，看穿追尋機制，看見眼前的真實。你可以想像每當此刻的真實被看見時，整個宇宙都鬆了一口氣。

於是現在這不再只是關係中的兩個追尋者，不再是想透過彼此抵達大海的浪潮，不再是利用彼此來使自己完整的兩人，也不再是一場自我形象的拉鋸戰。而是能看到雙方本質的兩人，能看到對方所有的弱點、不安全感、缺點，並不再試著想要改變對方，讓對方符合自己的完美形象，成為能使自己完整的「完美伴侶」。現在兩人都能清楚看見眼前對方的模樣。

兩人終於能彼此誠實，「不帶任何期待的告訴對方真相」。不求一個特定的結果，不試著以任何方式傷害或操控對方。誠實意味著說真話，且願意經歷隨之發生的每件事；也意味著不帶改變對方的企圖說真話，只因真實是我最想要的東西，我最想要的就是放下試圖在你面前維持虛假形象的重擔。到最後，我們不需要為說真話找理由，真實就是自己最好的報酬。

◆誠實表達當下的感受

現在，讓我們更進一步的來看看當你不再尋求時，誠實的溝通有多容易；換句話說，當你能全然接納此刻，並因此不用再等待由別人而來的接納、認可與愛時，誠實的溝通一點也不難。當你願意當一個失敗的尋求者，也就是說，你願意接受此刻發生的任何事；當你願意容納所有讓你不舒服的浪潮；當你願意放棄陳述關係的故事，真正的和此刻連結；當你願意放棄形象，做回你本來的樣子時，誠實的溝通是世上最容易的事。

我遇過一個女人，她的丈夫當時病得很重，而她雖然很愛他，也很關心他，但她不確定自己在他外遇這麼多年後，還想不想繼續當他的妻子。他承受很大的病痛，而她雖然很同情他，但另一方面就感情的部分來說，她覺得他們不能再和以前一樣。她很困惑不知該怎麼做。她被夾在善良與誠實之間，不想傷害她丈夫，但同時也不想再隱藏自己的感覺。她夜夜無眠，就是要試著想出解決的辦法。

這女人終其一生都是靈修者，並且在修道之路上學到接納一切的重要性。她拼命想接納丈夫本來的樣子，包括他的不忠，但不管多努力，她還是做不到。這些年來，他對待她的方式讓她氣憤不已，更深的感覺是，她覺得自己遭到傷害和背叛、不再被愛（我們受傷的感覺，大部分只是不被愛感覺的變形）。這麼多年來，她浪費自己的生命，等著被他愛，等著被接納，等他一個好好的道歉，並變成她一直希望他成為的樣子。她花了一輩子活在對他的美好想像裡，活在希望中，但那充滿希望的夢開始消散。

事實是，儘管多年來有這些美妙的靈性洞見，她此刻還是不能接受她的丈夫。這份不接納，對她的靈性認同是個重擊。身為資深的靈修者，她覺得不能接受這情況的自己一定有什麼不對勁。她做不到接納自己，也做不到接納丈夫，她是個失敗的求道者，而這項失敗是個難以承認的恥辱。當她看到我時，她已經在精神崩潰邊緣。

她在找的接納並不會透過努力而來（她已經努力了好多年），也不會來自於尋求丈夫的接納（這樣她可能要等一輩子）。她在找的接納是完全的接納——也就是本質上她是意識的開放空間，已經接受所有想法感覺自由來去的接納。她向丈夫索求他給不了的東西，又因為他做不到，所以對他的挫折、氣憤和失望已到達難以忍受的境界。

永遠該問自己的問題是：我現在的真實是什麼？換句話說，我現在真正的想法和感覺是什麼？我能承認此刻浮現的一切嗎？不論多不願意，不論它們對我的自我形象有多大威脅，我能開始承認這些想法和感覺嗎？能否明白我承認的這些想法感覺，早就被容許出現了？能否注意到，此刻，出現的每道浪早已被容納在海洋中？我的存在早就准許此刻，而我在尋找的接納一直都在這裡？

如靈性教導所說的，如果我要真的接納此刻，我就必須接納現在出現的一切，而那一切還包含了任何的抗拒和不接納。從海洋的觀點來看，所有的浪此刻都已被容納，包括你不喜歡和不想要的浪。接納不需要看起來光鮮亮麗，真正的接納超越我們想像中它該有的樣子。真正的接納是你存在的本質，也就是容許此刻以最原本的樣貌出現。連看似不可被接受的，都被你的本質所接納，這是徹底的接納。

記住：承認出現在當下經驗的一切，也就是輕鬆且毫不費力的注意到這些想法、感覺在此刻出現。即使你會因為那威脅到你的形象而不想承認，但你還是能注意到你的存在早就已容許它們出現。

所以，現在，什麼是我的真實？我的真實是我不能接受現在。即使這件事威脅到我的形象，我仍願意承認。我以為我應該能接受，我知道靈性教導告訴我要接受，但此刻我的真實是我接受不了，那就是事實。我必須說真話，必須承認我的不接受。

現在，我不能接受我的丈夫、妻子、朋友、老闆、父母、大師；現在，我無法接受他們的行為、他們對我說的話和對我做的事；現在，我沒辦法接受他們本來的樣子。或許明天我可以，或許明年，或許永遠不能，我不知道。我只知道，現在，我接受不了。我承認現在的真實，我承認。

真正的自由，來自於了解到我現在對他們的不接納，已完全被生命所接納。我承認這份不接納（或痛苦、害怕、悲傷、憤怒、無趣，或任何其他出現的感受），並明白這不接納已被現在接納。這是事實，而這事實在每一個當下都被生命包容著。那是我一直在尋求的真正接納，比任何其他你能提供給我的接納，和我在外在世界能找到的接納都來得更深刻。

當我不再尋求你的接納，還怕對你誠實嗎？即使你拒絕我說的話，現在不想聽或完全不同意，我都不會失去這份接納。就算我被你拒絕，這份接納仍然在。即使在衝突中，它仍托住我。

於是，由於認知到我的真實感受已被我的本質所接納，也完全承認當下的經驗，我現在能自由且不帶恐懼的和你說話。我的真實感受也許你聽了難受，但那是我的真實，我無法為此道歉，無法為已經被海洋完全接納的浪潮道歉。我沒有對全然接納的控制權，也沒有對海洋的控制權。

所以這女人可能發現自己對丈夫說類似「看到你這麼痛苦讓我很傷心。我真的愛你，但現在，我沒辦法接受我們的關係」這樣的話。那會是誠實、充滿關愛、不帶一絲恐懼的有力陳述，也是一個事實的陳述，不是威脅，不是侮辱，不企圖操控，因為她不再害怕失去接納。

一旦你看清自己的經驗，看清正在發生的追尋並誠實的對自己承認，溝通就會變得再簡單不過。不再需要找出溝通的辦法，溝通變成只是說出你看見的，不帶任何期待的說出你真正的感覺。還有什麼能比這更簡單？明白每個當下早已被全然接納後，清楚且誠實的溝通便能自然的流動。

我問這女人：「如果妳不再害怕妳丈夫的反應，不再試著操縱他，不再等他來接納妳、愛妳，或甚至向妳道歉，妳會對他說什麼？」她告訴我，除了深愛他之外，她也不能否認，為了他曾對她做過的事，她有想傷害他和懲罰他的衝動。在那之下，她對他不能成為她期望中的丈夫、不是能使她完整的人，和她無法控制他對她的感覺等，感到深沉的悲傷與失望；在內心深處，面對生命她有種失落感和無助感，這就好比當我們與苦難處得夠久時，我們也會有同樣的感覺。就讓這些感覺揭露它們真實的面貌吧！

她若沒有全然接納自己，很快就會認定自己是「沒人愛」、「可憐鬼」、「失敗的妻子」，然後和她丈夫起爭執。但若她接納了自己，就不再需要這些故事。完全的接納往往能打破我們虛幻的故事。痛苦、悲傷、失望、無助都被深深擁抱，都被大方承認。

承認這些感覺並沒有讓這女人充滿靈性、值得被愛或變得善良，反倒摧毀了她自以為悟性極高的形象。但這就是她當時的真實。當我們放下此刻該看起來如何的想像，我們便能自由的承認真實，而這真實又能將我們從保持形象的重擔中釋放。於是，溝通變得再簡單不過，只要說出此刻的感覺。

「現在，我對你和自己都感到悲傷和失望，更不能否認還有點生氣。我知道自己並不想傷害你，但我不能否認自己的怒氣。同時，我為你現在的病痛感到遺憾，更難過我們的感情無法如我所願的發展。但我現在仍然深愛著你，我也不是要叫你改變，真的不是，只是想對你誠實說出我今天的感覺：我不想再假裝成自己不是的樣子，等你給我你給不了的東西已經花了我太多年的時間。」

說這些話或許不厚道，但這女人已經到了無法再像以前一樣的臨界點，她不能繼續等丈夫改變。情況已停滯不動，感覺都憋在心裡，唯一突破的方式就是完全誠實。她要做的就是承認此刻的真實，不帶愧疚也不帶期望的說出一切。存在你本質當中無條件的是，容許你清楚而誠實的說出不。

我想不到在哪種情況下，全然誠實不會帶來更真實可靠的關係。就算誠實一開始導致令人不舒服的改變，就算它很難聽，就算它打破現狀，擾亂了舊有的模式，保持如我所說的誠實絕不會錯。

當這女人說：「我愛你，而且我現在不能接納你。」她並不是要試著贏得丈夫的接納、認可和關愛，也不會因為害怕失去他的愛和接納，而變得有所隱瞞或充滿攻擊性；更不會為了維持有智慧、有靈性的形象來假裝一切都很好，她只會誠實的說出所有感覺。她再真實不過。

因此，殘酷的誠實本身就成了一種愛的表現，它絕非對愛的威脅——它就是愛。如果愛會被這種真正的誠實所威脅，那種愛就不是你真正渴望的。

「我這麼說不是要傷害你，而是因為我愛你，所以想對你誠實。如果我不在乎，我就不會對你如此殘酷的誠實。我不知道我們會走到哪裡，我沒有答案。我不知道我們該怎麼做，我真的不知道。但我願意和你一起探索。」

承認當下經驗其實並不需要努力，我既不必維持故事，也不用捍衛形象，沒有需要解決的事。當我說出實話，我就不可能會「錯」，我只是輕而易舉的說出在我本質海洋中流經了什麼而已。只是簡單的報告出現的浪潮，並不抱著對任何特定結果的期許。

溝通本來很容易，但由於我們在追尋，它似乎變得極度困難。

這便是為什麼我說，沒有「該怎麼」溝通的方法。當你全然接納，清楚而誠實的溝通一點也不費力；當你不再尋求某人的愛、接納、認可，你便承受得起說實話的後果。說實話沒有危險，不誠實才讓你開始看到真正的危險——你冒險過著一個不真實、隱瞞、分離、沉默而絕望的生活。你活在塑造的形象中，並感到和你所愛的人疏離。

必須背負這麼多關於自己的故事和形象、操縱別人以得到我們想要的、玩權力遊戲、和別人對抗以獲得永遠不會到來的完整，是多沉重的負擔啊！不寬容是多麼累人啊！我們受的很多苦，都來自於自己在關係中的不誠實，不表達我們真正的意思，不表達我們真正的感覺，不表達我們真正想要的東西，反而編造聰明而複雜的故事來贏得別人的喜愛，防止他們離開。為了贏得你的心，這些沉重的負擔，使我分裂成別人面前的自己和私底下的自己，分裂成我的本質和我裝出來的樣子。這成了永不間斷的表演，自己也成了必須用盡心力去維持的角色。

罪惡感真正的意思是「負擔」和「負債」。當你向某人尋求某些東西，並為了得到那些東西而不說出真實感受時，某種程度上你是感到罪惡的。換句話說，你知道自己的不誠實總有一天會被發現，就像你欠的債最後總要還一樣。我年輕時，在關係中非常不誠實，在別人面前一個樣，私底下又是另一個樣，這種分裂常讓我感到噁心想吐，我很害怕自己的偽裝會被拆穿。雖然沒做「錯」事，但我有罪惡感。

現在，因為我不再需要向他人尋求任何東西，所以能自由的對他們誠實。沒有罪惡感的活著，這是多大的解脫啊！因為我愛自己，我知道自己的每個經驗都被生命容納和擁抱，所以我能誠實的和你分享，不怕被拒絕，不怕失去你的愛。也因此，即使你不同意我，即使你說了或做了傷害我的事，我還是能繼續愛你，和你保持連結。

誠實就是連結。當我完全對你誠實，對你說實話，不再只是維持表象時，我不再覺得與你有距離。也因此，我不再渴望以後和你連結，也不害怕失去和你的連結，因為我注意到在全然的接納中，我和你一直都緊緊相連。

在這裡，在全然的接納中，我們不用試著透過故事的包裝來彼此連結，因為在故事之外，我們早就已經在一起。

◆聽到別人的真實

有時別人來找我，說：「傑夫，你說的關於『凡事處在當下，並承認真實的感受』這一切我真的都懂。但每當有人尖酸刻薄的對我，同事批評我，或愛人抱怨我的行為時，這一切就崩盤了，我忘了如何容許當下，然後又再次被困在我的追尋和夢境裡。」

他人美妙的地方就在於我們無法控制他們。不管我們多誠實、多善良、多深情，不管我們自認自己多懂事、多善解人意、多有智慧，也不管我們看來多麼的包容，人們仍然會因我們而心煩。他們仍會生氣，仍會誤會我們，仍想要我們改變，仍覺得我們是錯的，覺得我們沒有看清事實，覺得我們沒有照該有的方式過生活。人們不會停止向我們述說故事，不會停止分享他們對世界和對我們的觀感。那可以是一件可怕的事（如同尚保羅・沙特在《沒有出口》劇中寫的「他人即地獄」），也可以是一個機會，讓你真正看到內心裡你仍無法容納的經驗，仍在衝突的部分。

不管你覺得自己多有智慧，別人依然會把自己的想法投射到你身上。你無法阻止這件事！你要不和他們對抗，捍衛自己的形象；要不就開始聆聽，真正的去傾聽並試著了解他們為何這樣看你。或許當你看見他們所見，聽到他們所聽，經歷他們所經驗的，你也會這麼看待自己。如果你透過他們的眼來看，或許你的想法和感覺都會和他們現在一樣。這些你真的不知道。

說出你真實的感受或許很簡單，但若要去傾聽別人的真實感受，真正去聽他們的回應、視角、觀點，則是比較困難的。尤其當那和你有關時，更要去接納他們的想法和感覺，即使你非常不同意他們所說的，即使你現在不明白他們怎麼能這樣感覺。

真實的溝通不是永遠同意別人的意見，也不是把別人的意見說成對而自己的錯。那兩個選擇都不真實，它們都可能源自於對被喜歡、被認同、被敬佩、被愛的需求和追尋。真實的溝通在於真正傾聽，聽別人的觀點，並在他們真實的感覺中與他們相遇，然後找到共同點。和他們在「他們的世界相遇」後，就像我常說的，你仍能完全自由表達你的意見。但那時你不再是他們的敵人，你們不再活在不同的世界。你在他們的世界和觀點中和他們相遇，從那裡開始和他們一起前進。

當妳的老公跟妳說，他覺得妳上次對他的朋友很沒禮貌時，妳會怎麼做？或當他說自己有時會幻想跟別的女人在一起、當他說妳不夠認真打掃家裡讓他覺得很煩，或當他說妳不是他心目中的完美女人時，在那些時刻，妳會怎麼反應？

那些時刻正是靈性覺醒的開始。

這正是關係中許多衝突的開端：你和我分享了一些事，但那些事某種程度上傷害了我。你分享了你的感覺，你對我的看法；分享了你的觀點、視角、信念，而它們讓我受傷、讓我害怕、讓我生氣、讓我不舒服、讓我覺得自己是個失敗者。我立刻想要證明你是錯的，讓你不再有這種想法和感覺，想要矯正你的經驗，想改變和控制你。如果我被你的話傷得夠重，我甚至會想要反擊，像你傷害我一樣用極巧妙的方式傷害你，並讓你看不出來我想傷害你的企圖。

或許我會被傷到想從你身邊撤離。我告訴你我不會再跟你說話藉以懲罰你；我揚言要離開，要結束這段關係，但我真正想要結束的不是關係，而是自己在關係中所缺乏的接納。我真正想離開的是不誠實，是虛假的表面，是形象的維持，是和此刻的缺乏連結。我們永遠無法離開關係，因為不管有沒有我們「在關係中」的這段故事，我們總是和別人以某種方式連結著。

當你對我說一些事，傷害到我，我又因這受傷的感覺而感到被拒絕和不被愛時，這會誘使我想逃離受傷的感覺，不容許自己去感受，並立即以遠離你和攻擊你來捍衛自己。「跳過一個步驟」是個誘惑，也就是說，跳過「讓受傷的感覺流進來，好好的感受它」這個步驟，立即以防衛和攻擊取而代之。通常，我們無法容許受傷的感覺，它常以胃絞痛、胸悶或喉頭緊縮的方式呈現，讓我們避之唯恐不及。

我感到你說的話具有威脅性，也就是威脅到自我的形象，於是我趕忙證明你的感受是錯的，想抵銷那威脅。你對我的看法完全是錯誤的，你的感覺沒有根據，你的觀點是瘋狂的。「我不相信你這麼想！我不相信你這麼覺得！你怎麼敢！你這變態！」我們說。我們急著捍衛自己，最終關上心門，從人群中退縮。像拜倫・凱蒂提醒我們的一樣，防衛是戰爭的序幕。

事實是，不管你喜不喜歡、同不同意，別人此刻的確是這麼想。也許你不喜歡，但那是他們當下的真實感受。明天，他們可能就不這麼想，或下禮拜就不這麼想，但他們現在就是如此。你能接受他們此刻正在經歷的感受嗎？你能接受，即使只要一下子，不去糾正他們或證明他們是錯的嗎？你能在感覺受傷時，不管你有多想，卻不去做任何事嗎？

不論某人的觀點聽起來多荒謬和不友善，你若能不帶任何防衛，從全然的接納與愛出發，超越「我對你錯」，以真正尊重且容許對方感受的心去傾聽時，衝突到此為止。當你被誤解時，即使確定自己才是對的，也能保持心胸開放去接納，衝突到此為止。當你不再假裝知道所有答案，並且真正去傾聽時，衝突也到此為止。

什麼是尊重別人的經驗？我真的能容許你想你所想，感覺你所感覺的嗎？我真的能容許你自由且開放的向我表達你的經驗嗎？什麼時候我會不能接受你的話、你的想法、你的感覺？什麼時候我會和你起衝突？

如果你說我的頭髮是紫色的，這傷不了我。我知道事實，知道你說的話不是真的；如果你說因為我有五條腿所以我是笨蛋，那也傷不了我，因為我看得出你話裡的荒謬；但如果你說的話威脅到我維持的形象，那麼我會從你的話裡看到某些真實。還記得我談過的負面想法嗎？記得當我們試圖維持固定的自我形象時，會發生什麼事嗎？現在，當那個形象受到威脅時，你就有可能會受傷。

你對我說了某些話，而我覺得被你攻擊了。你說我錯了；說你因為我說的話而感到生氣；說你對我的看法和我眼中的自己不同；說我不可靠、不聰明、沒有智慧；說我沒有做到我該做的事。我因你的話感到受傷，我不想當「不可靠的人」、「沒智慧的人」、「錯的人」或「失敗的人」，於是我拒絕那些形象，那些形象不是我。我的本質中沒有它們存在的位子，我無法承認它們。

我覺得如果你真的愛我，你不會說那些話。你會看到我的本質，不會相信你自己心中對我的看法。我覺得你不愛我、你不要我、你不欣賞我、你不了解我，然後打或逃的反應幾乎立刻就出現。可憐的身體無法分辨真正的威脅（一隻老虎接近我，齜牙咧嘴，準備好要攻擊我的肉體）和心理威脅（一隻比喻上會吃形象的老虎接近我，餓得能把我的自我形象生吞活剝）的差異。有時，要分辨對肉體的威脅和對身分認同的威脅很困難。生理上，我們會逃離威脅肉體的老虎；心理上，我們會逃離威脅我們形象的老虎。不同之處在哪兒？我們攻擊實體的老虎，我們也攻擊比喻上的老虎，想把牠們五馬分屍。真正的不同究竟在哪兒？

大多數人幾乎都沒有被真正的老虎攻擊過。我們大部分的折磨來自於我們的身分認同被攻擊、傷害、威脅或受挫，以及我們對這些攻擊的反應，我們的反應彷彿像是肉體被攻擊。為了捍衛形象、捍衛我們輝煌的事蹟，我們和別人開戰。

真正的問題是，當你感到被某人的話所傷，為什麼你會受傷？為什麼你會生氣？你在捍衛什麼？你的什麼形象被威脅了？哪些你不想要的想法和感覺出現在你本質的空間中？仔細觀察你不願承認那些浪的衝動，和伴隨而來的防備與攻擊的衝動，出現得有多快。

在那種時刻，我能不急著去捍衛被威脅的形象，而去找到對發生一切事物的全然接納嗎？我能視此刻為通往全然接納的隆重邀請嗎？感到不被愛、你的說法和對我的看法可能是對的、怕被你拒絕，甚至怕這是關係的終點，你要離開我——可以讓這些想法感覺都留在原地、都留在此刻就好嗎？胸悶的感覺、肚子像被重擊一拳的感覺、喉頭緊縮的感覺、整個世界都暫時在崩塌中的感覺——這些經驗浪潮都能在此刻被完全允許嗎？不管明天，也不管昨天，你現在能容納它們嗎？現在是唯一重要的事。

即使你說了挑戰我的話，即使我深深感到受傷、受辱、被拒絕、不被愛，我能在那些感覺中找到全然接納嗎？我能容許自己在你面前感到受傷、感到痛苦、感到悲傷、感到生氣、感到不被愛、感到無助無能一小段時間，除此之外什麼也不做嗎？我能容許傷害完全進入我心裡的短暫片刻嗎？我能找到完全容納傷害的地方嗎？

當我們完全容許自己有受傷的感覺，不管那承認多違背我們的常理，多威脅我們小我的驕傲，我們就不再感到受傷。換句話說，全然接納傷害，打破了我是「受害者」的故事。

關係中的衝突來自於傷害沒有被全然接納，然後我又跳進自己是被傷害的受害者故事中。身為被傷害的角色，我不可避免的會將你視為「傷害我的人」，並在面對你的威脅時，以攻擊你或自我防衛的方式來懲罰你。因為被你傷害，我開始怕你。

如果痛苦和傷害被全然接納，它們就不會是關係的終點，而是關係的一部分，甚至可以讓我們更緊密連結。即使互相在痛苦中，我們仍愛著對方。被全然接納的痛苦不是愛的終點，也不是愛的反面，而是被愛所容許的一部分。我們的愛大到能容得下所有的傷害、痛苦，於是我們繼續在一起，即使傷害依然存在。

是的，這正是突破所有關係中衝突的關鍵：如果我想在此刻和你保持連結，我必須容許任何傷害的出現。這違背了我們以前所學到要保護自己免受傷害的想法。但若是隔絕傷害，不承認這感覺，我便將自己隔絕在你之外；若是隔絕傷害，我便與生命隔絕。而當我與生命隔絕，我也將自己與他人隔絕。

如果我想愛你，真的愛你，我也必須學著去愛傷害，發現傷害一直都被愛著的地方。如果我想有顆開放的心，想對你保持絕對的開放，我也必須完全的對痛苦開放。就這麼說定了。否則，我會變成受傷的人、不被愛的人、無助的人，甚至是痛苦的人。我會關上心門，將自己與你隔絕。到那時，身為被害者的我無法真正愛你，只能試著「去愛你」。

愛不是你去做什麼事，而是你的本質。當傷害被全然接納，愛就在那裡。因為接納，我明白自己完全沒有被傷害，那身為受害者的形象被傷害本身消滅了。被接納的傷害，摧毀了我被傷害的自我形象。於是我放鬆的回到廣闊開放的空間中，在那裡，所有的傷害可以自由的出現或消失。我大到足以容許所有的傷害進入，而我的本質永遠不會被你或任何人傷害。在這裡，你不再是傷害我的人，我不再是你的受害者，我們終於得以相會；在這裡，你絕不會是我的敵人，我也絕對不需要怕你。

因此，當你對我說實話，導致受傷的感覺浮現時，我能什麼都不做，只是靜靜待在這裡嗎？

我必須對自己誠實。遭受到傷害可能產生的反應是猛烈想攻擊你的衝動。如果真的有這種衝動，它能被容許嗎？我不會假裝沒有這衝動，這是對自己感受的徹底誠實。你對我的傷害在，我想傷害你的衝動也在。

我能靜靜的與傷害和想逃離傷害的衝動共處嗎？這會是個學習不帶任何期待的絕佳

地點。

我開始注意到傷害和想逃離傷害的衝動，兩者能並存在我的本質裡，注意到傷害和我無法完全接受傷害都已被生命接納。這是最徹底的寬容，不是嗎？

我能在想傷害人的衝動最強烈的當下，找到全然的接納嗎？能在戰爭即將開打的時刻，找到停戰的關鍵嗎？這衝動能被看成只是海中的另一道浪，早就也被我的本質接納了嗎？

容許想傷害人的衝動存在，這聽來的確很怪，尤其是當我們想維持自己是好人、善良的人、有愛心的人，或甚至是純潔、完美、溫和、從未對別人有「負面」感覺的時候！

我們都被教導不該對別人存有負面想法，只能有體貼的感覺和正面的想法。我們擔心一旦容許負面的衝動出現，我們最後就會去行動。可是，一旦用現實去檢視這種制約，就會發現這是錯的。被否認、被拒絕、被推開的衝動會越長越大，變得越來越急迫，到最後，我們會覺得除了行動沒有其他選擇。但完全接受衝動，讓它留在原地，不去拒絕它、處理它、評價它，只是讓它保持原樣，不帶期待，更不期待這衝動會消失，便能讓衝動不再那麼急迫。這不表示衝動消失，但可以說它不再能佔據你的心思，不再是危險、具威脅性，它不再能定義你。最暴力的人往往是最壓抑情緒的人，他們拼命的克制自己如悲傷、無力、害怕、失敗、無能等的感覺和衝動，又因為這樣的壓抑，這些感覺和衝動以其他種具毀滅性的方式爆發出來。

於是我們開始看見最奇怪也最強烈的衝動，都被我們的本質所容許。最猛烈的海浪已被海洋接納，沒有哪個經驗是海洋不愛的。我們將會在下一章看到，明白這些會如何幫助我們戒掉最嚴重的癮頭，找到自由。

記住，接納不代表痛苦和傷害都消失，那是人們常犯的錯誤。他們期待一旦他們找到全然接納，所有的傷害苦痛和奇怪的衝動都會奇蹟般的消失，若沒有消失，他們就覺得比以前更受傷，更困惑失敗。沒有做到全然接納讓他們成為最大的失敗者！但認為某些浪該消失只是追尋者的想法，這沒有不好，若發生了，也能被接受。因為擺脫不掉某些浪潮的失敗感在這裡也能被容許！

傷害可以存在，想擺脫傷害、發洩和反擊的衝動可以存在，希望這一切都消失的希望也能存在。在此刻，所有的一切都被允許；在此刻，發生的每一件事都被全然接納。沒有任何事物傷得了你，即使它讓你感到很受傷。直到現在我仍然驚奇於意識包羅萬象的本質，它無條件且充滿愛的擁抱每個想法、感覺、氣味、聲音，從不拒絕。它甚至容許拒絕，這的確是去愛你的敵人。

於是，以真愛之名，我放下所有對愛是什麼、關係是什麼、該怎麼看待你的想法。我明白，不在你身邊時，我是廣闊開放能容許所有感覺想法自由來去的空間；在你身邊時，我仍是同一個無條件接納的開放空間。如果你在的時候，我感到喜悅、開心、興奮、溫暖、愉快，那十分美好，我愛你時會有這種感覺。但真愛不是只有好的感覺，不是只有溫暖、鬆軟、愉快、浪漫的感覺，那種對愛的認知有限的可怕。愛能大到足以容得下任何事。如果在你面前，我感到挫折、困惑、受傷、憤怒、悲傷、痛苦、無聊，甚至是絕望、噁心、無助，我發現這些感覺也被我的本質完全接納。不論這在已被制約的心靈耳裡聽來有多麼奇怪，那些感覺都不是對愛的威脅，而是一種愛的表現。因此，我仍能對你保持徹底的開放，即使在最痛苦、最不舒服的感覺中，我的本質仍能繼續和你的本質連結。為什麼我們將關係視為某種保護罩，而某些感覺不被容許進入？我們究竟想要保護什麼？是一種對關係該有什麼樣子的二手印象嗎？我們為什麼要這樣限制愛？一段關係，像我們的本質一樣，是一片海洋，大到能容許每道浪。

從今天起到未來的每一天，試著在全然接納中與別人相遇，因為這可能是你們最後一次在一起，你可能不會再有下一次機會。此刻的連結，真的需要建立在未來上嗎？

我最喜歡做的一件事是和我年邁的父親待在一起。只是靜靜的坐著，深刻的不了解他，不用知道該說什麼或做什麼，光是這樣就已經很美。不帶任何期待、不試圖改變他、不試圖操縱彼此的經驗，就只是坐在那裡；不試圖讓事情更完美，不扮演「什麼都懂」的角色，就只是靜靜的聽。身為意識廣闊無垠的開放空間，隨時歡迎他自由來去，並且對我們相處時可能發生的任何事也能保持開放。和他在一起，我發現了對出現在經驗之海中所有挫折、悲傷或不適的全然接納。他的痛苦和我的痛苦並沒有不同，有時我甚至忘了是他或我身在痛苦當中。

對我而言，這似乎才是關係真正該有的樣子。此時此刻的真正相遇，沒有希望、沒有未來、沒有期待，也沒有故事。坦然的面對自己。我喜歡靈性導師尼莎格達他・瑪哈拉吉說的：「隨著『小我』的消融，個人的苦難也隨之消失。」但更關鍵的是，他還說：「剩下的只有因同情而來的巨大悲傷。」沒錯，不再有分離的自我並非冷酷的抽離，亦非對世界的拒絕，而是最令人想像不到的關心與親密。當你不再生活在恐懼之中，你為什麼還需要緊緊抓住某些人，或者將某些人阻擋在外呢？

「你無法理解世界，但你可以擁抱它。」

——馬丁・布伯

2-3 成癮症

人類似乎能對很多東西上癮，如毒品、香菸、酒精、賭博、止痛藥、逛街購物、網路、線上遊戲、極限運動或食物，都是可能上癮的東西。我們也會對感情上癮，必須不斷和別人在一起，每天二十四小時使用手機和他們聯繫，不斷更新臉書或推特上自己的近況，以確保他們知道我們一直都在。我們對靈性上癮，持續不斷的閱讀靈修書籍，熱衷的跟隨靈性導師和大師，參加數不完的佈道和靜修會。我們對工作上癮，每天花大量的時間在工作上，做著我們不見得享受的事。我們工作並非因為我們需要這麼多錢，而是因為幾乎每個人都追求，我們便以為該相信的抽象東西，如地位、名望、責任、安全感等等。我們曾經問過自己，是否真的相信或為什麼這樣相信嗎？

我們執迷於物質、金錢、信仰和其他人，但這些全都起源於一個最主要的癮頭：我們對自己的執迷。我們執迷於「我」的故事中，執迷於維持自己的形象，誓死捍衛它；執迷於讓它更好，執迷於和別人比較，執迷於創造完美形象，到死前都在努力使它完整，並確保死後還能被別人崇拜與支持。在這層意義上，不管有沒有臨床上的診斷，喜歡與否，我們都是有癮的人。

超越把執迷視為疾病的觀念，放下成見，用嶄新的眼光去觀看心靈深處發生了什麼，有可能嗎？有些人會一次又一次，看似超過他們掌控或違背他們的心意做出某些行為、接近某些人、去某些地方、買或用某些東西（即使這一切最後對他們不是有益的，也治癒不了他們），我想超越生理上、社會上、心理上的解釋，去看他們內心究竟發生了什麼。他們究竟在找什麼？

上癮常被理解為無法停止去做某些事情。最極端的例子是，儘管有副作用和難以想像的後果，你仍覺得為了活下去、為了感覺不得不去做。

沒人故意想上癮的這個說法可能是對的。香菸、酒精或毒品一開始可能不討喜，甚至是令人討厭的。很多上癮的人說他們大多非常厭惡第一次吸毒的經驗，會去做不過是想嘗試、想冒險或想融入群體。某些人經過第一次的試驗後，就開始更頻繁的使用藥物

（物品、人或經驗）。而當他們的神經系統越來越有耐藥性時，他們就需要更多藥物來達到想要的快感。在最極端的例子中，對毒品的需要可能會散盡他們的家財，佔據他們的人生，破壞他們的工作、感情和健康。

我不覺得治療師、心理學家、社會學家或其他學者，曾真的深入了解為何有些人會上癮、有些人不會上癮的原因。有很多關於成癮症的理論，但很少提及它的根源。舉例來說，世上很多人都會喝酒，但只有少數人喝得很多，更少數的人會酗酒。為什麼有人會上癮，有些人不會呢？文獻顯示有些危險因子和成癮症有關，例如小時候被忽視或被虐待、精神疾病、貧窮、壓力、缺乏教育等；據說也可能和基因有關，可能是遺傳導致某些人更容易罹患成癮症，且他們大多束手無策。很多人把上癮視為疾病或腦部不正常，更有人說那是你永遠擺脫不掉的症狀，必須學會下半輩子如何與它共處。有人則說一日上癮，終生上癮。對某些人而言，成癮症定義了他們，他們緊緊抓住自己是成癮者的形象。

我不想說誰錯了。我只是想引導你看得比以前更深入些。

現在，在我們更深入之前，我想先說清楚：我不是說如果你覺得自己是個成癮者，就必須立刻放下手邊任何已持續治療成癮症的方法。我只是想給你另一個觀點，這個觀點不是要取代你已經在做的事，不是在鼓勵大家離開復健診所、放棄治療、重建團體或十二步項目。如果那對你有用，請繼續做你已經在做的事，但或許用個新眼光去看內心深處，或許你會發現目前使用的方法尚未能夠提供給你自由。

我們可以談論成癮症的風險因素，可以用心理或生理上的解釋，可以從內到外細述成癮行為，可以有很多說法。但當我去拿下一瓶酒的時候，我內心深處究竟在想什麼？我究竟想做什麼？成癮症讓我經歷到什麼？誰才是成癮者？直到問成癮者：「在你的自我認知之外，你是誰？」之前，我們都無法抵達問題的源頭，而我們所有的解答只會建立在錯誤間接的假設和二元對立的想法當中。

那些被我們稱為成癮者的人，其實和我們並沒有什麼不同。某種意義上來說，追尋者永遠都是成癮者，執迷於未來、執迷於逃離此刻、執迷找到任何能讓自己發洩的方法。我們藉由性、毒品、香菸、震耳欲聾的音樂、最新款的名牌包、限定版跑車或最新的電腦遊戲來發洩。有那麼一陣子，我們似乎從追尋和不足的重擔中得到釋放。在那珍貴的時刻，我深吸一口香菸，忘掉所有煩惱；所有過去和未來都消失在背景當中，只剩下溫暖、撫慰人心的煙流經喉嚨進入肺裡。空虛感不見了，有種完整，似乎只能透過香菸達到。於是，菸、酒或震耳欲聾的音樂都成為能提供我釋放的愛人、母親、大師。帶我回到母親的懷抱，釋放我的重擔，帶走我的不適。我像回到家——一個暫時的家。

很多人從性中找到釋放。高潮時彷彿整個世界消失，只剩下完全的合一。我徜徉在愛之海中，一切都被淹沒，只剩下生命的簡單。難怪法國人稱這經驗為「小死亡」。其他事似乎都變得不太重要；浪碎進海裡，我迷失在生命中。我回到了母親的子宮，不再掙扎，最深的渴望已被滿足——暫時的滿足。

我買了新車、新房、新錶，感覺好像我的追尋已到了終點。感覺起來就像是性、毒品、香菸、金錢、名望有其他東西沒有的能力，可以帶走我的痛苦，使我完整。對一些追尋者而言，他們發現透過沉迷於某物，是唯一能使他們完整的方式。

我們彷彿想藉由毒品、酒精或性來消除自己。在某個層面上，就像浪總想回到海裡，我們也想卸下分離我的重擔，渴望被生命吸收。經過漫長又充滿壓力的一天，下班回家後，我開了一瓶酒、又一瓶、再一瓶，很快的，我碰到的所有問題似乎都變得很遙遠，彷彿它們不存在，也不曾存在過。我不只是忘了它們，在那個時刻，它們「消失」了。在某個層面上，使人上癮的東西能滿足人類最深層的渴望——消失不見，消融在生命中，死在此刻；回家，回到母親的子宮；卸下分離我的重擔，回到海洋的懷抱，好好休息。當我灌下另一瓶啤酒，當我注射毒品，當我開著我的新跑車回家時，感覺一切都很好，但只是一下子。

要是這機制真能帶來它所承諾的永恆完整，那就太棒了。但並沒有，這些都會消退，光芒會變弱，不舒服的感覺又再度浮上檯面，痛苦又回來了。不完整感也回來了，有時比以前還要強烈，然後我渴望下一個刺激、下一次釋放、下一個經驗。追尋者又出現了，仍然不完整，依舊不滿足，或許比以前更不滿足。空虛和缺乏的感覺再次浮現，我回到自己未得到滿足的故事中，然後期待被再度釋放。

如果追尋機制建立在承諾能移除空虛感，並且真的能移除，那就不會有問題，也就不會有成癮症這種東西。我不會需要用毒品、香菸、食物或性來消除我的痛苦，也不會覺得被迫頻繁的沉溺於其中。生命會是完美的平衡。但是事實上，香菸不會帶來完整，不會帶走所有我遇到的問題，只能短暫的帶走討厭的感覺。但也許下一支菸可以！毒品帶來的快感不會持久，但或許下一次可以。我賭贏了，但我並不滿足；或許我會再贏一次，如果我贏得更多，我就會滿足。我們總是在尋找下一次釋放，如此循環不斷。

你看，其實我們並非真的對香菸上癮，讓我們上癮的是輕而易舉的釋放，消融在生命中，透過香菸短暫的逃避空虛感。我們並非真的對性成癮，很明顯的，讓我們成癮的是性帶給我們的釋放，是「自我」的短暫消失。我們並非真的成癮於賭博，而是因為賭博提供我們一小段珍貴的時間忘了自我。我們並非真的成癮於那些人事物，只是沉溺於似乎是它們帶來的釋放。

追尋者對釋放上癮，就像浪在尋求海洋。有那麼一刻，覺得終於找到自己一直在追尋的東西，是多令人安慰的事！能成為海洋多令人欣慰啊，就算只有一小段完美時光；但一下就被拖回充滿人類問題的世界，失去安慰的感覺，真是爛透了！

雖然有看似很多不同種類的成癮症，例如對酒精、毒品、賭博、性愛、人、大師、金錢和名聲等等，但實際上都是同一種：追尋者對釋放的耽溺。當你了解後，對什麼東西上癮已經變得不重要。通常在嘗試治療成癮症時，我們往往注意太多成癮物的細節或我們如何上癮的故事，而不是造成我們有如此需求的根本機制。我可能治好菸癮，但如果沒有面對隱藏其下的空虛感，癮頭會在生命的其他時刻再度跳出來。我知道有人戒菸二十年後突然暴食，感情不能空窗的人分手後立刻開始吸毒，和購物狂突然戒掉購物慾，轉而日夜跟隨靈性大師的腳步。治療成癮症若只著眼於戒除上癮的東西，而不是去處理癮頭中隱藏的追尋，就不可能解決問題。它可能會有幫助，但無法治癒你。

不論是一支菸、一瓶酒，或賭輪盤可能贏得一百萬的刺激感，每個上癮物都是為了同一個目的：帶走此刻的不開心。它承諾釋放，也似乎帶來短暫的釋放，但仍不能給我們真正渴望的。

上癮的人常說到「被修復」，但他們想修復什麼？雖然他們可能不自知，但他們想修復分離的感覺，想修復不完整。就像我們在本書中一再看到的，沒有任何外在的人事物可以修復分離和不完整。唯一能修復不完整的，是對不完整全然而徹底的接納，深深擁抱自己的本質。那是我們心靈深處真正想要的——和自己保持親密。

當然，我們拿起一根菸、一顆止痛藥，或一杯啤酒時並不會想：「我覺得自己不完整，這會使我完整。」我們只會有衝動和渴望。幾乎像違背心意似的，我們莫名所以的被我們上癮的東西所吸引。我對自己說：「如果我有選擇，我不會這麼做。」但我覺得自己好像沒有選擇，香菸似乎對我有種奇妙的魔力。賭博、性愛和金錢似乎對我也有奇妙的魔力，不論我多奮力拒絕，它們還是能神祕的將我捲入。擺放在碗櫃中的巧克力呼喚著我：「吃我吃我，我會讓你感覺更好。」啤酒放在那，就像承諾會給我釋放的惡魔一般在誘惑著我：「繼續，再喝一小口就好……。」

那無關聰明，你不會意識到自己在尋求。你只會發現自己又拿起了一根菸，又喝了另一瓶伏特加，把巧克力猛往嘴裡塞。然後覺得自己好像無能為力，好像被上癮的東西控制，完全脫離你的掌控。沒錯，那是你的感覺，我們像是成癮的受害者。所謂的「癮頭」發生在「我」身上。

上癮物具有的魔力，其實和我書中一再提到的力量是一樣的。當我們相信某個東西、某項物質或某一個人能用某些方法使我們完整時，我們便投射了神祕的力量到他們身上。不論是食物、靈性導師、愛人、名人、政治人物、宗教領袖、菸還是酒，他們像有光環，有種吸引的磁力，散發出力量。

但這不是真的力量，沒有任何人事物有能讓你完整的力量。沒有哪道浪比另一道浪更有力量，它們同樣都是海。力量從不是外來的，你經歷的「外在」世界力量不過是你自己力量的投射。那力量不在那些人事物當中，雖然看起來、感覺起來、嚐起來和聞起來都像是，但那只是你的生命力量向外投射到某些人事物上。那份力量不屬於誰，因為生命本身就是唯一的力量。

認為完整是外在的，存在時空中、世界裡，不是人人都有的這觀念，只是讓追尋持續不斷的一種投射。為了用既有的方式活下去，追尋者必須相信追尋的終點在自己之外，必須投射看不見的力量到外在可見的世界中，再去追尋那力量。從有人類開始，我們便投射力量到「外面」，如太陽、星星、動物、自然、無生物或其他人的身上。人類心中一直都有神的存在，即使是無神論者也有強烈的宗教傾向。

尋求釋放的人投射釋放的力量到某個物體上，就像尋求智慧的人投射智慧到某人身上，也像尋求愛的人投射他們的渴望到別人身上，他們賦予了外在的人或物能讓自己完整的力量。結果感覺像你真的需要這些，感覺像你需要被修補，感覺像你需要性愛、需要巧克力、需要酒、需要菸，需要去另一趟靜修，或是需要和你的大師或喜歡的東西形影不離，才能讓自己再次完整。

你可以說需求是追尋機制表現的方式。我們不是直接經歷追尋機制，但在面對生命時會有需求、渴望、欲望和無力感。直到真正理解隱藏在後的追尋機制之前，我們並不會真正懂得想要的是什麼。追尋是一種極具創造力的機制，似乎能讓你遠離對自己本質的認識。我們沒有認清這機制，因而被困在不斷的追尋中，不僅看不到追尋，更不明白自己是廣闊開放、能容許追尋發生的空間，因此我們才會受苦，也才會想伸出手再度追尋以逃離此刻的苦難。

現在，你一直往嘴裡塞滿巧克力，若一段時間後沒有變胖，也沒有罹患心臟病和中風，那這不會是個問題。吃巧克力本身沒有問題，因為那也是生命的一部分。但是當巧克力被拿來當作發洩時，就成為問題的開端了。透過巧克力呈現的追尋才是問題。巧克力加尋求，等於上癮。

同樣的，酒精本身既不壞也不邪惡，只是生命的一部分。酒是中性的物質。當我們用酒精使自己對現在發生的事分心，帶走不快樂，帶來完整的感覺。讓自己逃避此刻，這時就是麻煩的開始。酒精加尋，求等於上癮。

同樣的，金錢本身並不邪惡，是我們用錢的方法——如我們存錢的方法、傷害別人以得到錢的方法，或當我們無法全然接受自己能力不足的感覺，而誤用錢所導致的競爭和妒忌——才可能是我們所謂的「邪惡」。金錢本身並沒有邪惡的力量，誰都沒有。

你大概懂了。上床、喝酒、吃巧克力、在賭場或股票市場下賭注這些本身都不是問題，都可以是生命中好玩有趣，純真無害的一部分。只有當追尋者想利用這些活動來獲得其他東西，才是問題的開始。

當你想透過抽菸來獲得某些東西，你要的已經不是抽菸了，甚至不會注意到抽菸當下帶給你的真實感受。你不能真正的處在當下，因為你太期待菸會帶來的快感。你沒有真的在抽菸，你想要的是獲得完整。你沒有真的在抽菸，只是利用它來達到目的。你不再用心去體會現在，只把目光放在未來，此刻變成達成目的的手段。你想藉由可憐的香菸，幫助你轉移此刻。

雖然很多關於戒除成癮症的自修書或自助課程都暗示香菸、酒精、毒品是某種邪惡的敵人，或許我們此後的人生都應該向它們宣戰。但是把香菸視為敵人對你並不會有幫助。

我想要告訴你們看待上癮的另一種方式。當你真的看到追尋機制如此精細微妙的作用時，就會了解香菸是無辜的。香菸沒有控制你的力量，從來沒有。你只是企圖透過抽菸來獲得完整，你是利用香菸的人。香菸從頭到尾都是中性無害的東西，但當你尋求釋放時，抽了菸、又忘了自己為何要抽菸（雖然一開始時你知道），然後你回過頭來責怪香菸對你產生的魔咒；但其實正好相反，是你對它下了咒。無知的追尋完整時，你把讓自己完整的力量投射到香菸上，使香菸變成追尋的終點、你的靈性導師，賦予它前所未有的力量。

這不是怪誰的問題，不是菸也不是抽菸的你。不是香菸無辜而你有問題，因為你們兩個都是無辜的。當你被困在追尋中，你沒有選擇，只能伸手去抓住任何你覺得可以讓自己釋放的東西，例如你無辜的成為老煙槍。當你覺得自己需要某些東西，感覺你好像沒有選擇似的，只能努力去得到。你在追尋中是無辜的，所以我不是要責備任何人，這種責備與恥辱的遊戲在這裡不適用。我只要你看清自己真實的感受，並且不要你因此評斷自己。

◆衝動、渴望、需求和欲望

衝動感覺起來像什麼？渴望呢？當你需要某些東西時，是什麼感覺？

很難形容，或確切定義渴望、衝動究竟是什麼。我們又再次談論這些東西，彷彿我們清楚知道它們是什麼。但，就讓我們超越形容衝動的故事，回到當下的感受吧。故事之外，到底發生了什麼？

我坐在最喜歡的椅子上看書，沒有任何缺乏。只有生命——聲音、氣味、想法、感覺不斷流動。我享受此刻的單純。

突然間，我發現自己渴望抽根菸。為什麼？讓我們回到當下，用慢動作重播。一開始出現的是不舒服的感覺。某件事突然讓我覺得不滿足、不完整，我想要再次完整，想要向外去找尋能帶走不完整的東西，如一根菸；於是我開始有了抽菸的衝動，換句話說，想藉由抽菸得到完整的衝動，覺得抽菸能帶走不舒服。

衝動帶有某種迫切感，對嗎？衝動絕非放鬆、懶散、安逸的感受，而是緊繃，必須緊急被滿足的感覺。突然間，生命中有種急迫，你覺得你立刻需要香菸——不是明天、不是晚一點，就是現在。

不久前，生命似乎還完整。我舒服的坐在椅子上看書，別無他求。突然間，感覺好像有什麼東西從現在消失了。好像此刻破了個洞，缺少了某些東西。但，是缺少了什麼？什麼能把洞填滿？怎樣停止缺乏？真的有可能一轉眼就從俱足圓滿到悵然若失嗎？

所有衝動、所有追尋，都源自缺乏感，而這種籠統的缺乏感演變成對具體事物的不滿足。

缺少了什麼？喔，我知道。是沒有香菸，那黑洞是香菸的形狀。如果我現在抽菸，就會感覺完整，香菸會讓洞消失。

想要（**want**）這兩字最初的意思是「缺乏」，是到近幾百年想要才變成欲望的同義詞。所以當我說「我現在想抽根菸」時，我真正的意思是「我覺得我現在缺乏香菸，香菸不見了」。但不久前，香菸其實沒有不見，只是突然間香菸就不見了。

突然間，我少了一根菸；突然間，我想抽根菸。意思是一樣的。

但一根菸並沒有突然從現在消失，現在一直都是完整的。沒有任何東西能從現在消失，就像不論出現的是什麼浪，海都永遠不會消失。只有想法會說：「有東西不見了。」但這想法也是得出現在廣闊空間中，覺得有東西不見了的想法感覺根本沒有消失！它們都在，沒有任何東西不見。

自由始於了解沒有任何事物會從此刻消失。只有覺得東西不見的故事，而且這些故事和感覺都必須出現在你本質廣闊的開放空間中，而那空間本身永遠都是完整的。不會有東西從那空間不見，因為它能容納所有事物的來去。即使最強烈的缺乏感，也會在你的本質中自由來去，因為缺乏也是完整經驗的一部分。在你的本質中，即使缺乏也是一種完整。

有一個很棒的比喻：想像你正在看電影，畫面上的人物正一起坐在餐桌前，討論另一個從餐桌上消失的人。但你從觀影者的角度看，這個人真的不見，從這一幕消失了嗎？不，這一幕本身是完整的。那些坐在餐桌前的人物，討論某個消失不見的人，構成了電影中完整的一幕。電影裡從未有一幕是不足的。你不會看到某一幕就說：「嗯，那很怪。這一幕少了什麼。」即使這幕講的是某個消失的人，你知道事實上沒有任何人事物不見。每個角色都在，電影中的每一幕都是完整的。同樣的，當深愛的人死了，你想念他們，但他們真的消失了嗎？沒有任何人事物會從生命之海中消失。

所以，說「一根菸消失了」是個謊言、巨大的謊言。你對香菸的缺乏是個謊言，你想要香菸也是個謊言。

最後，我想說清楚一點，有欲望並沒有錯。在這裡，我們冒著可能落入另一個靈性陷阱的風險。這些年來，我遇到很多拚命的試圖擺脫欲望的人，因為他們認為那是通往開悟之路。他們深信開悟的人不會有任何欲望。

首先，他們想擺脫各種欲望的本身就是一個最大的欲望。

其次，沒有任何欲望的生命會非常枯燥無聊，我不信一個活生生的人不會有任何欲望。我想去一間藝廊參觀、我想喝杯茶、我想去拜訪我最親愛的父母；你摔倒了，我想扶你起來；我想生孩子、我想你讀我的書、我想誠實對你表達自己的感覺、我想逃離這個戰俘營。這些都是完美生命的表現，所以若是否認，假裝你沒有任何欲望，是非常不健康的事。想擺脫所有欲望只是追尋遊戲的一部分。

我想，辨別如「我今天想去公園」這種真實而健康的浪，和「我想抽根菸，因為不抽我會不完整」這種基於某種缺乏感的欲望（或稱它們為追尋的欲望），是有幫助的。我覺得這是很重要的分別。

似乎很多靈性教導都說欲望是負面的。「欲望是自我、是幻覺、是自私的、是二元性的；欲望總是導致受苦，如果我們想終止苦難，我們該擺脫各種欲望和依附。我們該努力去過沒有任何欲望的生活。我們該停止對金錢的欲望、對財產的欲望。我們該放棄所有身外之物，睡在街上，那樣我們就會自由。我們該停止對性的渴望，過貞潔的生活，才會變得純潔和更親近神。我們該停止享樂，因為享樂是不好的、缺乏靈性的，若我們將自我從世間各種快樂的源頭隔開，就會得道。」某些靈性教導似乎這麼告訴我們。

但放棄所有欲望的反面是我們會過著無趣、無活力、疏離的生活，還必須不斷對抗我們的欲望。我們無法真的擺脫欲望，於是只能壓抑它們。例如，我們壓抑對性的渴望，假裝我們已經不受它的控制，但暗地裡我們對性的渴望從未停歇。而當我們越努力想隱藏，它就越有爆發出來的危險——到最後終於爆發。其實我們能清楚的看見後果，只要看看上個世紀，有多少關於獨身禁慾宗教領袖的醜聞就能知道。所有我們企圖壓抑的東西，最後都會以某種扭曲的形式爆發。生命的原力只想表達自我：不願被限制。

最近，一位女士和我聊到她持續二十年的不快樂婚姻。過去幾年，她變成靈性追尋者，花了許多時間練習一種能幫助她擺脫所有婚姻中渴望的方法——因為她學到，渴望是在別人身上加諸不合理的要求。一旦她能停止從她丈夫身上獲得什麼的欲望，她就自由了。她把這方法稱作「擺脫她的自我」。

她試圖擺脫有欲望的自己，在某種意義上，那是件很棒的事。她的許多欲望是對丈夫不合理的要求，更是一種追尋的表現；這些欲望讓她想把丈夫變成她想要的樣子，但她的丈夫就是做不到。企圖改變或修補另一半已經帶給她莫大的痛苦，所以擺脫那些不合理、基於追尋的欲望，對她來說是種釋放。

但她已經走火入魔到抹煞掉所有欲望，而她和丈夫的關係也沒有因此變好。她已經抹煞掉一切；實際上，他們之間現在幾乎沒有任何關係可言。那關係已死。

我問她：「告訴我，你想從關係中獲得什麼？」

她猶豫了一下說：「嗯，我認為我不該想要任何東西。」

我再問她一次，她想了很久，但想不出來。

「好吧，讓我幫你釐清。」我說。「想想簡單的事情如何？例如像是有個可以傾訴的人？」

「喔，當然，我會想要，那會很棒。」她回答。

我發現那回答很令人感動。那是打從心底的真實欲望，不是因追尋、因缺乏而來的欲望。那欲望本身是生命美麗而熱情的展現，那真實的欲望被埋在她對擺脫所有欲望的追尋之下，沒有辦法呼吸。為了擺脫所有欲望，她破壞真實的欲望，就好像倒洗澡水時連帶把嬰兒也一起倒掉似的。

不是所有欲望都是缺乏的表現。當我們表達一個真實而健康的欲望，我們像是在說：「我想要這個。我想經歷這個。但不管我得到得不到，我都能接受。即使得不到想要的，也並不會對我此刻的全然接納有任何影響。」

想抽根菸，和想抽根菸來使你完整，中間是有差別的，香菸無法使你完整。在你想用抽菸來帶走不舒服之前，抽菸不會是問題。想藉由抽菸帶走不舒服的感覺，使得你的欲望是源於追尋，那是缺乏的表現，只會帶來更多的受苦和缺乏。你說：「我想要這個，如果我得不到，我就會不好。只有得到我想要的，才會讓我好起來。」這欲望是基於對缺乏的幻覺，以為有東西不見了的幻覺，以為只有香菸能填補空虛的幻覺。於是我們不再看見真實的本貌；轉而踏上追尋之路。我們進入夢境中，因此開始受苦。

◆遇見衝動

你可能在想：「理智上我能理解香菸不能使我完整，但感覺起來我就是需要抽根菸！」衝動是身體的感覺，欲望是身體的感覺，在你明白前，感覺起來像是你的身體真的需要被修補。如同之前提到的，身體無法辨別真實或想像的威脅；它也無法告訴你真實和想像之間的差別。

事實是身體從來不需要香菸，但你需要，追尋者需要。身體不會試圖使自己完整，但你會。我想我們說的謊言是「我的身體需要香菸」或「沒有香菸我活不下去」或「沒有香菸我會死」。沒錯，你可能會這麼感覺。但你這麼感覺並不代表這需求是真的。

當我們說「我需要抽根菸」時，我們真正的意思是「我不想經歷沒有菸的不適感」，也就是，我不想經歷沒有得到時的不完整、痛苦、傷害和不被接納。我不想要那些浪潮來襲，我感覺會被它們淹沒，被它們吞噬。我無法處理它們。我覺得沒有了讓我上癮的東西、沒有了讓我逃脫的路線、沒有了任何能減輕存在痛苦的東西，我好像會死。

當追尋者變完整的希望被剝奪後，還剩下什麼？當時間被剝奪，或當你得到想要，然後變完整的希望消失後，你還剩下什麼？

你還剩下真實。你還剩下你的不安、你的不完整，所有你想逃離的事，沒有任何逃脫的希望。你只能面對生命的本質，面對被你拒絕的浪潮，面對你這一生或許一直在逃避的想法和感覺；你只能面對自己的痛苦、悲傷、罪惡感、悔恨、寂寞和最大的恐懼。此時此刻，你被留在這裡，面對真實。

對一個分離的個體來說，必須面對這一切是個難題。但在你本質為開放的空間裡，這完全不是問題，所有浪都能被容納。極度的不安、缺乏感、抽菸的衝動、渴望、欲望、需要使自身完整的感覺、痛苦、激動或心跳、流汗，還有各種的形象——不論是你生活糜爛的形象、抽菸得到快感的形象、深吸涼菸的樣子、香菸帶來的放鬆和釋放等等。這釋放離你這麼近，你幾乎可以摸得到它。

有種極欲想把菸點燃的衝動。所有不安感一度被消滅，地獄一度變成天堂。那種預期令人受不了，你不顧一切只想抽根菸，只要一小根菸，就能把所有不安都帶走，過了幾分鐘，繼續再拿下一根菸。真的很誘人。

如我們所見，你不是真的想要香菸。你真正想要的是在這一刻感覺再度好起來；你真正想要的是不再有任何想要的東西；你真正想要的是不再感覺缺乏；你真正想要的是所有這些不安都能被完全接納。你想安於自己的本質；你現在就想回家，而你認為抽根菸是帶你到那裡的唯一方法。

「我想抽根菸」是個基於錯誤認同、假設已經了解自我本質，也看不見自己當下經驗完整的謊話。

但，我不是要你假裝自己不想要香菸。假裝從來都沒有用，只會帶來更多的假裝。我也不是要你假裝自己沒有衝動或渴望，你是個人，不是機器。我要你尊敬欲望，不僅如此，我還要你潛到欲望的核心，放下所有假設，超越以前別人告訴你的、你自己的假想或你所相信的，用全新的眼光去看欲望的本質。

我們已穿透渴望，發現到在裡面的追尋機制。我們渴望的不是菸（酒、性或下一個刺激），而是全然的接納；我們渴望的不是菸，而是和此刻覺知的親密——在開放空間中所有經驗都能被接納；我們要的不是菸，而是我們對菸的渴望能被接納；我們渴望能去愛欲望本來的樣子，不論那一開始聽來多麼瘋狂。

若我們能容許渴望和伴隨它而來的不安出現，想逃離這不安的衝動也能被容許；同時，每個想法、感覺都能被容許出現，這些當下經驗都能被全然接納的話，我就不再需要香菸來使我完整。這便是能夠打破需要循環之處，就在需要的中心；這便是在需求中的自由，也就是在渴望中的自由，而不是擺脫任何渴望；這便是發現了渴望和滿足渴望的衝動都會出現，而且它們同時也被容許有出現的自由，就像所有的浪已被海洋容納一般。

這與和渴望對抗或忽視渴望無關，而是和完全接納渴望及衝動的存在，即使是不顧一切都想滿足渴望的衝動有關。衝動和想滿足那衝動的衝動一直都是最好的朋友。如果你有個衝動，你也必須歡迎它的好朋友——想逃避那衝動的衝動，並發現在你的本質中這兩者都已被接納了。

容許一個渴望——只是和它坐在一起，看著所有的形象流過，感受所有感覺的來去自如，真的容許自己深深感受想抽根菸的衝動，容許那不安，容許既奇怪又強烈的衝動存在，即使你覺得自己彷彿要去實行——那可以是非常奇怪的經驗。記住，沒有任何衝動會強烈到全然接納無法「處理」。你覺得自己彷彿因沒有菸抽而會死亡，但即便在那樣的感覺之中，全然的接納仍在那兒。它也可以容納那些感覺：我受不了了，我無法繼續，它容得下。太難受了，我撐不下去，它容得下。我要死了，我不能再這樣下去，它也容得下。我快死了！你還活著。我無法處理！你正在處理。我承受不住！你正在承受。

我發現的是：即便沒菸可抽，即便沒菸可抽時感覺不適，即便得不到我想要的，我還是被接納。即使沒有菸，我還是完整的。在最強烈的渴望中，全然接納依舊常在。這不代表渴望消失，而是我和渴望的關係蛻變了。渴望不再是分離、等待著被拒絕的浪潮，而是等待著被擁抱的海洋的一部分。

於是，出於這份完整，我仍能自由決定要不要抽菸。這很重要。我有抽菸的自由，但我不再需要這麼做以找到完整。抽不抽菸在本質上變得不可思議的平等。在全然接納中，我最後得到香菸給不了我的東西——抽不抽菸的自由。我不再被束縛，不再被控制。我從對香菸的窮追不捨中釋放，詛咒被打破，不再對它狂熱。我不再覺得無力，不再是個受害者。

說得更簡單一點，當欲望，如抽菸、喝酒、做愛、到賭場賭博、吃一條巧克力等都被全然接納，欲望不再是個欲望。換句話說，當欲望被全然接納後，它就不再是一種缺乏的表現；不再是不完整和追尋完整的表現。雖然還讓你感到不安，但它現在只是在你本質中自由出現和消失的感覺。欲望來來去去，但你的本質不變。完全擁抱欲望才能戒除上癮，不管那一開始聽起來多麼矛盾。

請再次注意，我不是要你和欲望對抗，也不是要你忽略或拒絕欲望，或實行禁慾。全然接納無關任何的自我否定。我不是在說：「不要給你自己想要的東西，且試著因沒有得到而開心。」我不是要你容忍一切。

我已經聽到對這訊息的批評：「傑夫要我們放下欲望，他說我們應該要能接受自己得不到想要的，我們應該否定自己的享樂！這聽起來好失敗主義的想法、好否定生命、好令人沮喪！」

事實上，我並不是說你應該接納得不到你想要的，我是想邀請你放下先前的結論，再看一次，看看你能否在得不到的時候，也能找到最深、最完全的接納。我所指的全然接納和忍受得不到想要的東西無關，它連那無法忍受和挫折的感覺想法都能包容。

並且我要你去質疑一個概念：得到想要的東西，是你真正想要的結果嗎？再並更進一步的去質疑，你是個擁有分離自我、想要獲得某些東西的人嗎？這概念跟假裝接受得不到，否定自己的享樂是完全不同的兩回事，雖然心智可能會這樣解讀。我要你去檢視，當得不到你以為想要，但其實並不是真正想要的東西時，你是否能找到接納。

完全容許欲望存在可能是件奇怪的事。大部分時間我們要不就是試著去忽略欲望（那只會讓欲望增強），要不就是沉迷於其中。完全接納欲望則是中庸之道。在拒絕和沉迷之間的是看見、容許和找到自由，即使在最不舒服的狀態下。

所以你新的靈修方法如下：和不安及它最好的朋友，也就是逃避那不安的衝動共處。只要靜靜共處，不要企圖做任何事。不要期待它們改變，不要試著修正你自己，不要希冀特定的結果。並注意到每個想法、感覺，包括任何期待、挫折、不接納，或改變此刻的企圖，都早已被容許出現在此刻。在無法接納中找到接納。即使處在不安與無法接納中，試圖去找到能接納此刻之處。那裡就是自由，就是你的本質。如果那地方無法現在被找到，如果有任何失敗感升起，你也要完全容許那些事的發生。只要注意當下的每一件事，並且注意到不論是什麼，都早已被容許發生。這種覺知就是冥想的本質。

沒錯，無法逃脫會讓你非常不舒服。我認識一個採用「一次徹底戒除法」的海洛因成癮者。他女朋友告訴我他的戒斷症狀（戒毒過程中產生的不適）非常可怕，例如全身抽搐、大量盜汗、發抖和產生幻覺。好幾次他都以為自己要死了。他會打給女朋友，然後在電話中大叫說：「我受不了了！我快死了！」有趣的是，永遠都不是這一次的肌肉痙攣讓他死去，而是下一次。追尋者總是活在事情有多糟的回憶中，和未來會變得更糟的期待裡。他們總是受時間控制。

最後他的女朋友，由於害怕他做不到（雖然她之前已經看過他成功經歷的戒斷症狀並活了下來），同意載他到毒犯那裡去拿他的「解藥」。前往拿「解藥」的途中，他的身體狀況突然變好了。當他知道自己能拿到「解藥」時，他就放鬆了。雖然仍有點不安、焦慮和痛苦，但他已不再驚慌失措或威脅自己快死了。毒品成為從死亡中獲得自由的象徵，於是當他得知自己能取得毒品時，他的神經系統就放鬆了。

當你無法得到自己想要的，必須面對追尋不到的失敗時，你會經歷完全的無力、無助和恐懼感。你真的會覺得自己快死了。你得和所有你想逃避的事，以及「生命中的無力感」對抗。面對這些事情就像面對死亡。除了能自我調整的身體病痛外，你似乎有承受不了，只能被下一個刺激解決的情況。追尋機制可以很不講理，戒斷症狀可以非常不舒服，關於這點我們不用假裝。但你能看得出即使那其中包含了最嚴重的不適，卻仍是一份直達完整的邀請嗎？你能看得出即使浪不好，但海洋仍在嗎？不論發生什麼，這是一份永遠不會消失的邀請。

身體可能會不由自主的發抖，可能會很痛苦，可能會覺得「我要死了」或「我再也受不了了」。但我的本質是所有感覺想法都在此呈現的開放空間，痛苦、恐懼、挫折甚至無助感和盲目的驚慌，對我的本質都沒有影響。它們都是生命對我發出的邀請，都被我的本質深深接納，都等待著被注意到、被視為生命的一部分。它們對我的生命並沒有威脅。它們並不邪惡、不是敵人，也不是需要被摧毀的不潔。它們只是我本身的一部分，而我是暴風雨中心的寧靜。身體做它該做的，而我的本質從不需要逃離發生的事，即使我有衝動想逃。這裡，我存在的地方，永遠都能被接納，用一種言語無法形容的方式。

停止上癮和擺脫渴望無關，而是看見渴望真實的樣子，並接納它們的存在。沒錯，即使最後得不到你想要的，這份自由仍然在。這份了解挑戰了所有傳統的智慧，和我們大部分學習到的制約相左，而且不曾出現在正面思考和自助的書中。在一個如此重視得到你想要的，且據說這樣就會帶來快樂的社會裡，建議你能在得不到當中找到自由與快樂，這聽起來幾乎是瘋了。但或許在一個瘋狂世界裡，你必須先發瘋才能清醒！

在你發現自己的本質後，不論有沒有得到你要的，你都是自由的。不論得到與否，你都是完整的，而這是任何程度的香菸、酒精、性愛、食物或金錢都給不了你的，就像這些東西消失時也帶不走一樣。

◆你的本質不會上癮

你真的是個上癮者嗎？你的癮頭定義了你嗎？在最基本的層面上，你真的有什麼毛病嗎？任何治療或恢復課程若不在一開始直達問題的核心，肯定只會讓幻覺存在更久。我不是在說為了戒除癮頭，你應該放棄自己已經在做的努力，但若你能以對自己本質的深刻了解作為後盾，我保證任何恢復計畫只會更有效。

而且誰知道呢？或許突然間你就不再需要任何恢復計畫了。你會發現自己有想拿到下一次解藥的衝動，但你也能完全接納那份衝動，不論那感覺多不舒服。你會在所有你想逃避的東西中找到自由，並且在全然接納中，你會發現自己的本質並不是上癮者，發現自己並沒有任何毛病。你的本質從未想要或需要利用任何東西逃避當下，你的本質全然接納了當下原本的樣子。

一個把自己定義為酒鬼的男人曾跟我說：「我從未戒酒，我從未停止當一個上癮的人，我只是絕不拿下一瓶酒。」

在不喝酒的此刻，你是個酒鬼嗎？在不抽菸的此刻，你是個煙槍嗎？在不去碰觸你上癮物品的此刻，你有沉迷嗎？在此刻，你是個上癮者嗎？

或許有一天，而那一天有可能就是今天，你會看到眼前有根香菸、有瓶酒，或有條巧克力，然後你終於知道，在心靈深處，它們能給你的都是早就在這裡的，它們不會讓經驗比原本的更完整。你可以尊敬任何衝動的出現，尊敬想把衝動付諸實行的衝動。你能尊敬得不到而產生的任何不安，還能讓這些不安靜靜的存在，不試圖去改變它們。

如果你想疏通你的追尋能量，就引導它們回到你的本質，擁抱現在發生的任何事，放下希望未來能不再受癮頭控制的追尋，去發掘此時此地真實的樣貌。或許全然接納此刻，很快就會變成最大的衝動，或許你會對全然接納此刻上癮，而那是你永遠不必從中復原、也沒有任何副作用的癮頭。然後，或許即使在痛苦不安和無法控制或命名的神祕衝動中，你會想起來在心底深處，自己一直都是知道生命已全然接納一切的。就如同英國女隱士諾威奇的朱利安說得那麼好：「一切都會好的，一切都會好的，所有的事態都會好的。」

「是真理使你自由，不是你的努力。」

——克里希納穆提

2-4 尋求開悟

我們最深的恐懼不是對死亡的恐懼，而是對生命的恐懼。我們害怕活著，害怕真正清醒的活在現在，害怕不受保護的面對生命原始而狂暴的能量。就像我們看過的，生命包含一切，不只是好的、正面的、快樂的事情，就像海洋包含每道浪一樣。所以要想真正清醒的活著，我們必須對所有經驗保持開放，對一切開放。沒錯，生命是喜悅和快樂，但它也是痛苦、悲傷、恐懼、憤怒、困惑和無助。覺醒意味著承認你無法將自己隔絕於生命之海中的任何浪潮，你的本質如此廣大、無條件且自由，能容納下一切。對生命開放等於對死亡開放，對想像中自我的幻滅。生與死是一體兩面，但心智永遠無法了解。

人們常認為開悟和擺脫所有他們害怕的浪潮有關。我們誤解開悟，以為那是一種特別的狀態或經驗，以為那裡沒有恐懼、痛苦、悲傷、憤怒，沒有任何負面的想法和感受；以為開悟是一片完全平靜且受控制的海洋；以為在那裡，所有不好的浪都死去；以為那裡只有光明，沒有黑暗；只有單一，沒有歧異。

但那種觀點只是追尋者的渴望。追尋者想讓自己對生命麻木，想免於死亡，想完全掌控當下經驗的各種浪潮。開悟，對很多人來說，是對完美海洋的願景；在那完美海洋中，沒有負面、邪惡、危險的浪潮。開悟對他們而言是被賜福的大師，活在完全的快樂中，從不感到痛苦、悲傷、無聊、挫折、恐懼，或任何軟弱；是從相對世界中的痛苦和苦難中獲得解放的自由；是對二元世界的逃避；是最後的保護。

我們現在知道這種開悟是不可能的。那是基於二元對立的概念解釋我們本質的謊言，不過是追尋者的一個夢。不幸的是（或許從更宏觀的角度看是幸運），很多靈性教導都迎合這個夢。這個夢受歡迎，因為這是追尋者最想要的東西——也就是舒適感、確定性和安全感。

在整個人類歷史當中，出於我們對死亡的基本恐懼（暗地裡也是我們對生命的恐懼），我們開始和我們認為的黑暗作戰，追尋我們所認定的光明。沒有認清自己的本質，我們攻擊或壓抑所有我們認為對光會威脅的事物。我們稱那部分的生命是危險、邪惡、有罪而不神聖的禁忌。靈性成了對抗黑暗的戰爭，而不是重新發現存在於此刻的光明。

我們視自己為分離的個體，把真實一分為二，相信如果我們能擺脫這些黑暗的經驗，擺脫惡魔，擺脫世界的邪惡，戰勝罪惡，毀滅所有的不純潔，我們就能活得更久更繁榮。在我們追尋天堂的同時，我們創造了地獄，也開始與它對抗。在我們追尋涅槃的同時，我們拒絕輪迴。在我們追尋心理健康的同時，我們向所謂的心理疾病開戰。在我們追尋神的同時，我們和罪惡開戰。

罪惡、疾病、邪惡、瘋狂、不潔，任何不神聖和不符合我們追尋計畫的事，都成了我們的禁忌，我們還覺得壓抑、對抗，甚至毀滅它們是理所當然的。我們創造了代罪羔羊，於是嚴重的暴力隨之而來。我們相信自己和生命站在同一邊，而且會因為受苦而獲得更多的賞酬；我們相信自己能不受黑暗侵襲，一切都會很好。某種程度來說，這非常合理。

避開黑暗，邁向陽光。避開邪惡，邁向良善、純潔和神聖。避開個人，邁向非個人的客觀。避開二元性，邁向非二元性。我們無知的相信這一切。

但當你拿掉所有宗教的意涵，黑暗和邪惡這樣的字不再有著令人害怕、想與之對抗的奇怪神祕力量，反而只是某種指標，指出某些經驗浪潮、某些想法感覺，現在仍被拒絕、仍被視為不完整。

「邪惡」或「黑暗」的浪，不過是被我們誤認為對完整、對生命有所威脅的浪。它們是被拒絕的浪、不被愛的浪、我們轉身不想面對的浪、我們所害怕的浪。它們是想回家卻不被容許進入的孤兒，只因它們威脅到我們寶貴的自我形象。恐懼、憤怒、悲傷、痛苦、性衝動、奇怪的想法，這些都不是天生的黑暗或邪惡，只是不被容許進入光明，於是它們看來好像變成其他的樣子。它們看來像是與光明對抗的黑暗和邪惡，但事實上，沒有任何浪能和海洋對抗，因為每道浪都是海的一部分。一道所謂的黑暗浪潮不會和光對抗；它本身就是光，但沒有人會這麼看待它。我們所謂的邪惡只是不被接受和不被愛的光。我們稱作邪惡的東西只是我們害怕的東西。

幾百年來的許多靈性教導和練習，都是以究極解答人類問題的方式呈現。我們被教導如何超越負面、吸引正面，如何離開肉體，如何消除痛苦的情緒，如何逃避感受，如何停止思考，如何消滅不完美和不純潔，如何從生命中抽離。但為什麼要和想法感覺不停作戰呢？為什麼要和此刻作戰呢？為什麼我們害怕去擁抱我們的人性，擁抱我們的本質？為什麼我們這麼怕自己？為什麼要不停的拒絕生命？或許我們怕的是，如果我們現在全心擁抱自己的人性，我們未來將會錯過某些更崇高的存在。我們已經被教育著相信人性不斷在墮落，於是全心擁抱這種墮落、實際、世俗、幻覺的人類經驗會是個錯誤，是種放棄、逃避，是安於獲得較少、對自我與生俱來權利的拒絕。我們被教導若是超越人類經驗，超越洞穴裡的陰影，有一個更完美的世界，不朽的、天堂般的進步國度正等著我們。

或許那些信念只是追尋者的夢想和夢魘，而我們在追尋的完整一直都在這裡，藏在我們的人性中，藏在我們想逃避的事物中；或許身而為人一直都不是問題，或許生命也不是問題；或許我們不需要回應活在當下這種不存在的問題；或許我們從不需要有更好的世界、有來生、有天堂、有超越靈性殿堂的這種承諾；或許我們能完全接納自己本來的樣子，在我們的不完美中早已有著完美，也早已被我們企圖想逃避的生命給深深擁抱。

那麼，若開悟不是逃避人性，逃避所謂的負面、邪惡、黑暗，往所謂的光明前進，它是什麼？若靈性覺醒不是擺脫我們不喜歡的自己，它是什麼？若終極的真實不再是對人性的否定，它是什麼？若客觀不再和個人對抗，它是什麼？若絕對最後擁抱相對，它是什麼？當所有經驗的浪潮都被接納，不再有人將生命隔絕，我們不再害怕生，也不再害怕死時，會變得如何？

我在荷蘭靜修的第一天，有個男人來找我，去年他在經歷了生命中最深沉的痛苦和悲傷後，開始踏上追尋靈性的旅程。他讀了很多書，也看到很多不同導師在追尋難以捉摸的開悟。有一天，他坐在家裡的花園裡，突然發生一件奇妙且不可思議的事。所有想法、所有對時間的觀念都消失了，剩下的只有當下絕對的生氣勃勃和簡單。他深深了解到即使有這麼多不盡人意，世界本身就是圓滿俱足。不僅花草樹木，連戰亂和路上的狗屎都是神聖的。他深深知道每個人事物都在應有的位置上，而他並不是一個單獨的個體，他與萬物合一。他不再是個人，他只是覺知的開放空間，而生命在其中發生。感覺好像是他對靈性的追尋已到了終點，他已經找到超越無數浪潮、廣闊而平靜的海洋。他感到自由，彷彿他再也不會受苦。

他維持在這種深層的平靜中幾天，但狀態和經驗並不持久，很快的，感覺想法和他生命的複雜故事又回來了。儘管他已對海洋有了深刻理解，那些浪又開始帶來痛苦。他告訴我這一切讓他非常困惑。他曾期望在「覺醒」之後，那些浪全都會靜止下來；他曾期望在他的領悟後，海洋會永遠保持平靜與清澈，但這些浪，如痛苦、悲傷、恐懼、無助和懷疑的浪潮，仍在他心中流連，而他不知道該如何是好。他仍然在關係中經歷衝突，不知如何處理心中的悲傷、恐懼和渴望，仍然在菸癮中掙扎。他怎麼能一面覺醒，一面同時在受苦呢？怎麼能一面覺醒，但仍存有懷疑、不確定和偶發的憤怒呢？靈性大師曾承諾覺醒會讓人不再受苦，那一點道理也沒有。

在靜修期間，我們談到他覺醒後的困惑，談到對生命的全然接納，談到浪與海的不可分割，談到容納一切的開放空間，談到所有的浪如何被容許在自己的本質中，包含了所有先前被稱作黑暗和邪惡的浪，所有不符合自我對開悟認知的浪。我們談到全心擁抱當下的生命，擁抱自己的本質，以及隨之而來的發現。

靜修尾聲，那人告訴我他明白了浪不應該停止，它們就是海洋，而每道浪都在邀請自己透過那道浪，重新看到海洋。即使是婚姻中正在經歷的衝突，都是在鄭重的邀請他從衝突中覺醒，清楚去看到海洋，去發現哪些是他仍緊抓不放的形象，哪些是未被完全容許的感覺；去看到和妻子吵架時，他如何將自己視為「受害者」，切斷和妻子間連繫。他已徹底看見海洋，而海洋仍一天天顯露出更多的自己。這是美麗的矛盾。

於是他說出感人的話：「我以前曾覺得，自己不能接納的某些感覺，像是我不夠堅強、不夠覺醒等等，也放不下它們是有問題的。但我現在知道那和我夠不夠堅強無關，當下的感覺早已被我的本質所接納。我不需要去接納它們，只要注意到現在它們已經被容許進入我的生命就好。我不需要堅強到能接納它們，我只是太軟弱，阻止不了它們再進來而已。」

開悟不是堅強到能接納各種浪潮，不是用任何方式去控制浪潮，不是逃避現在，不是維持已開悟的自我形象，也不是隨時都表現出你多有靈性、多快樂、多平靜。開悟是發現你的本質——如此徹底的開放，如此不受保護的脆弱和軟弱。在某種意義上，你是越來越不可能逃離出現的浪潮和感覺的。而這種軟弱不是真的軟弱，因為在這之中有著最強大的力量，也就是生命的全然接納。你不需要去接納，它是你與生俱來就有的。

很多人都和這男人有著一樣的覺醒經驗，他們超越各式各樣的浪，觸摸到廣大無邊的海洋。但生命不會停在那裡，各種感覺的浪潮繼續襲來，很快地美妙的靈性洞見就被遺忘了。不論我們覺得自己多清醒、多有靈性，覺得自己多「無我」、多「超越個人」，我們都和生命浪潮糾結在一起，不管我們承不承認。我們總是再次被吸進苦難、身體病痛、關係衝突、上癮、追逐新奇經驗、緊抓住舊經驗和更多對靈性的追尋之中。感覺好像我們覺醒了，然後又失去那份覺醒；我們碰到了天堂，然後又從那裡掉下來。巨大的痛苦和困惑由此而生。一旦你觸摸過天堂，生命便可能是地獄，即使看似最醒悟的人，在他們頓悟之後，仍會因悲傷、恐懼、關係中嚴重的衝突而受苦。而既然他們認為自己已是「覺醒的人」，或是更糟的以為自己是「開悟導師」，他們往往發現自己比以前更難承認這種痛苦。但這種持續不斷的苦難是個好消息，因為苦難不過是邀請你放下所有的形象，包括你已頓悟和你已超脫苦難的形象；不過是邀請你無懼的面對當下，並在那裡，而不是在別處，找到全然接納。

有些靈性教導談到覺醒的階段，完全覺醒是需要時間的。有些教導主張會有最初的覺醒事件（也就是意識到海洋），但可能要花很多年，甚至一輩子來整合，使覺醒具體化，真正實踐在日常生活中。有些人說覺醒像整合各種經驗浪潮的旅程，所有浪會在未來的某個時間點完全被整合進海洋，而到時就會百分之百的覺醒。又有人說根本沒有覺醒這種事，覺醒只是個迷思，從來都沒有人頓悟過，我們應該放棄關注我們的苦難，去喝杯茶、吃個起司三明治。

坊間有這麼多教導，這麼多不同的觀點。這些教導可能會使那些真正想找到自由的人感到困惑。所有的靈修方法、過程、練習和教導都有其重要性，我在這裡不是要批評。但認知到自己是所有經驗浪潮都在此消長，所有想法感覺都在這自由來去、廣闊而親密的開放空間之中，覺醒究竟是什麼變得更為清楚。

認知到自己是廣闊而親密的覺知開放空間時，我是否隨著時間變得更覺醒，或是否達到完全的整合已不再重要，因為從我本質的角度來看，所有出現在此刻的浪早已和海洋整合——每道浪早已和我的本質密不可分。於是問題不在於我是否能往未來的徹底整合邁進，那是追尋者的夢，他們活在受時間制約、評斷靈修成就高低的故事裡。重要的永遠是即刻認知到對當下經驗的整合，是覺知到此刻的完整和對此刻的全然接納，是看到這些浪早已被此刻完全接納。明天的整合不是我的工作，昨天覺醒的故事也和我無關。此時此地是生命的所在，重要的一直都只有此時此地。

而雖然這似乎是發生在時間中的過程，如燒掉錯誤的自我形象；認知到以非常微妙的形式追尋；在你從未想像能夠接納的浪中發現全然接納；在你以為愛與和平被背棄的地方找到愛與和平；雖然你很明白自我以外沒有「其他人」，但在與人的關係中發現更多的親密。事實上，這過程沒有時間性，只發生在現在。生命會在每一個當下自我整合，而你見證這一切。透過你，生命治癒自己。

沒錯，這正是靈性覺醒美妙的矛盾之處。就在此時此地，生命已全然完整、俱足圓滿。你沒有任何不對——即使在你的不完美中，你仍然完美的做自己。此刻的生命，就和此刻一樣完整，這就是存在最極致美妙的真理。然而，同樣的，這完整仍以各種形式不斷展現，邀請你在每一個當下的具體個人經驗中，重新發現完整。

當每道浪出現，每個想法、聲音、氣味、知覺、感覺出現在你本質的海洋中時，它們都在輕聲呼喚：「不論我現在體現的是多大的痛苦，請不要離開我。相信我，我也是海洋，只是以這個形式出現。我屬於這裡，雖然不容易看出來。別擔心，你不需要接納我，我已經進來了；你也無須拒絕我，我已經進來了。你注意到了嗎？你願意超越所有的自我認知，所有關於你過去和未來的故事，只要承認我已經在這裡。承認我已被允許進入了嗎？你能承認你的本質廣大到足以容納各種生命的表現，不分好壞嗎？」

回過頭來看看你的生命，無處不是邀請。邀請出現在喜悅中，也在痛苦中；在無聊中，也在刺激中；在悲傷中，也在狂喜中；在甜蜜中，亦在苦澀中；在你有生之日、亦在你臨終時。邀請就在這裡，在我們常誤以為自己了解，生命中珍貴的每一刻。而現在，即使當你正在讀這些文字的時候，生命都在溫柔的呼喚著你。

關於作者

傑夫・佛斯特在劍橋大學主修天體物理學。遭受長期的憂鬱症所苦。二十多歲時他開始著迷於所有靈性啟蒙的概念，並步入密集的靈性探索，以追尋存在的真理。

清楚認知到每件事非二元的本質，在發現到平凡中的不平凡後，他對靈性的追尋因而停止。他深刻理解到人類苦難背後所隱藏的錯覺，找到對當下的愛，在清晰的洞見中，他發覺到生命的本質：親密、開放、慈愛、自發。

現在他巡迴世界舉辦會議、靜修、和一對一的面談，溫柔且直接的指引人們回到永遠存在當下的全然接納。他幫助人們超越所有靈性概念，超越所有他們對自己的看法和判斷，即使是處在現代生活和親密關係的壓力與掙扎中，也能發現自己的本質。他不隸屬於任何靈修傳統或宗派，他的教導讓每個人都能容易理解。

二〇一二年，傑夫榮獲《沃金斯評論》（Watkins Review）評選，登上世界百大最具精神影響力人物排行榜，排名第五十一名。他現居於英格蘭的布萊頓附近。想更了解傑夫和他的教導，或是想知道他近期的行程，請上lifewithoutacentre.com。

不再試著修補生命：

覺醒、面對，全然接納每一個不完美的自己

The Deepest Acceptance

作　　者　傑夫・福斯特 Jeff Foster
譯　　者　程敏淑
編　　輯　李欣蓉
木馬文化社長　陳蕙慧
封面設計　莊謹銘
行 銷 部　陳雅雯、尹子麟、洪啟軒、余一霞、張宜倩
讀書共和國社長　郭重興
發行人兼出版總監　曾大福
出　　版　木馬文化事業股份有限公司
發　　行　遠足文化事業股份有限公司
地　　址　2314　新北市新店區民權路 108-3 號 8 樓
電　　話　(02)22181417
傳　　真　(02)22180727
郵撥帳號　19588272 木馬文化事業股份有限公司
法律顧問　華洋國際專利商標事務所　蘇文生律師
印　　刷　成陽印刷股份有限公司
初　　版　2014年 08 月
三　　版　2020年 12 月
三 版 4 刷　2022年10月
定　　價　320元

國家圖書館出版品預行編目 (CIP) 資料

不再試著修補生命：覺醒、面對，全然接納每一個不完美的自己／傑夫．福斯特 (Jeff Foster) 著；程敏淑譯．-- 三版．-- 新北市：木馬文化事業股份有限公司出版：遠足文化事業股份有限公司發行，2020.12　面；　公分

譯自：The deepest acceptance : radical awakening in ordinary life

ISBN 978-986-359-844-2(平裝)

1. 靈修

192.1　　109017568